教师的沟通力

[日] 三好真史 ◎著　　吕　艳 ◎译

北京科学技术出版社

KYOSHI NO COMMUNICATION TAIZEN by Shinji Miyoshi

Copyright © Shinji Miyoshi, 2021

All rights reserved.

First published in Japan by Toyokan Publishing Co., Ltd., Tokyo

This Simplified Chinese edition is published by arrangement with Toyokan Publishing Co., Ltd., Tokyo in care of Tuttle-Mori Agency, Inc., Tokyo through Pace Agency Ltd., Jiangsu Province.

Chinese (Simplified Character only) translation rights © 2022 Beijing Science and Technology Publishing Co.,Ltd.

著作权合同登记号　图字：01—2022—2521

图书在版编目（CIP）数据

　教师的沟通力 / （日）三好真史著；吕艳译 . — 北京：北京科学技术出版社，2022.8(2023.7重印)

　ISBN 978—7—5714—2354—4

　Ⅰ . ①教… Ⅱ . ①三… ②吕… Ⅲ . ①教师—人际关系学 Ⅳ . ① G451

　中国版本图书馆 CIP 数据核字（2022）第 100283 号

策划编辑：唱　怡	电　话：0086-10-66135495（总编室）
责任编辑：蔡芸菲	0086-10-66113227（发行部）
责任校对：贾　荣	网　址：www.bkydw.cn
图文制作：史维肖	印　刷：三河市华骏印务包装有限公司
责任印制：吕　越	开　本：889 mm×1194 mm　1/32
出 版 人：曾庆宇	字　数：165 千字
出版发行：北京科学技术出版社	印　张：9.875
社　　址：北京西直门南大街 16 号	版　次：2022 年 8 月第 1 版
邮政编码：100035	印　次：2023 年 7 月第 6 次印刷
ISBN 978-7-5714-2354-4	

定　价：55.00 元

前　言

他人和过去不可改变，但自己和未来可以改变。

——艾瑞克·伯恩（Eric Berne）

> 沟通是教师职业的基础。

"我明明可以与学生相处得更加融洽。"

"为什么同事不能理解我？"

"我总是不能把真实的想法告诉家长，好悲哀。"

你是否也有过像这样的烦恼？

对于教师而言，教学和日常工作很重要，但同等重要的是构建人际关系。无论是上课、组织活动还是开家长会，教师的工作处处离不开沟通。也就是说，无论教师的业务能力有多强，如果沟通能力欠佳，依然可能会在工作中遇到困难。

也许有的教师对与他人沟通有抵触心理，认为这既麻烦又缺乏价值；有的教师因自己性格内向而苦恼；有的教师因自己不被学生喜爱而烦恼；有的教师因同事难以相处而心烦。我真的希望他们能够认识到提升沟通能力的好处。

学习沟通后，可能会发生这样的变化：

- 周围人对你的印象和评价有了明显转变。
- 教学进行得意想不到的顺利。
- 难以相处的同事逐渐减少，人际关系的烦恼逐渐减少。
- 可以与家长建立良好的关系。
- 不再任人摆布。
- 表情不再严肃，心情更加愉悦，感到人生更加充实。

提升沟通能力带给我们的影响不仅局限于人际关系，而且会改变我们的生活方式。

我曾经学习了一些与人际关系有关的心理学知识，并且举办了面向教师和公众的研讨会。当我们想要深入地理解沟通时，需要从不同的学科中汲取养分。在本书中我借鉴了交流分析理论、教练心理学、阿德勒心理学、格式塔疗法等多种理论和方法。

与教师息息相关的人群大致可以分为学生、同事和家长这 3 类。在本书中，我尽可能详细地总结了教师与不同人群进行沟通的方法以及出现问题时的对策。

你可能有这样的忧虑："那件事进展得不顺利。""有没有什么办法可以渡过难关？""我不知道该怎么办了！"但你要相信，因为人际关系而产生的问题一定会有解决的办法。让我们一起来学习如何沟通，朝着构建良好人际关系的目标而努力吧。

本书的使用方法

⋯ 从喜欢的部分开始阅读

无论你是从头开始按顺序阅读本书，还是从目录中找到自己感兴趣的部分开始阅读，相信这本书都可以使你有所收获。

当你感到工作进展不顺利、四处碰壁时，可以读一读这本书。它能够帮你客观地看待自己所经历的事，帮你找到一些隐藏在事物背后的原因。你或许会因此而找到解决问题的方法。

先翻到目录找到自己感兴趣的部分，开始阅读吧！

希望你可以在阅读中完成自己作为教师的自我探索、发现新的自己、摆脱日常的恶性循环、使内心获得治愈。

⋯ 迈出改变自己的第一步

我们每天做出的选择和行动，其实都在不知不觉间受到了某种限制，使我们保持旧态。因为"不想失败""相比于犯大错，维持现状要更好"之类的想法一直在影响着我们。但是，维持现状也就意味着无论怎样我们都只能是"现在的自己"，过"现在的生活"。

让我们换个角度想一想。

如果我们是出于无法舍弃现在的自己的原因才无法做出改变，那么只要我们做到舍弃现在的自己，也就是做出与之前有所不同的选择和行动，或许教师生涯就能发生巨大的变化。

但这并不意味着我们要否定现在的自己。我们所做出的选择和行动经过日积月累构成了现在的我们。如果我们想要使自己焕然一新，那么只需要改变自己的选择和行动，就可以获得新的结果。

让我们朝着崭新的自己迈出第一步吧!

目　录

第 3 章　与学生沟通的方法 / 47

第 1 章

沟通的基本

建立人际关系的基础

有些教师特别会说话，但学生、同事和家长并不喜欢。相反，有些教师虽然只是按部就班地授课或发表言论，却意外地受到喜爱。

作为一名教师，如果在沟通上存在问题，即便能够提供高质量教学，也会让人敬而远之。那么，如何才能掌握沟通方法、建立良好的人际关系呢？要做到这一点，最重要的是教师务必要认识到"人类是一种认为自己比其他人都重要，并且对自己最感兴趣的生物"。

请想象一下，当拿到一张有自己的集体照片时，你首先会看哪里？

⋯ 人对自己最感兴趣

任何人最感兴趣的都是自己。当拿到照片时，很少有人会先去看其他人。

也就是说，基于"喜欢自己当主角"的心理，如果我们能够将人们最感兴趣的"自己"摆在最重要的位置，他们的情绪自然也会被调动起来。

一般情况下，每个人都渴望得到他人的认可与理解，这便是人人都喜欢"理解自己的人"的原因。

那么，理解是什么意思呢？大体上可将其归纳为以下4点：

①尊重

②关注

③同理心

④信赖

我们可以从这4点出发，用自己的方式重新审视人与人之间的关系构建。

尊重

💬 一切始于教师的尊重

你能在班级管理中做到尊重学生吗？看到这里，有的教师可能会想："既然学生毕业时会给教师唱《敬仰吾师》，那么就应该是学生尊重教师，你竟然说教师要尊重学生……"

其实，在班级中，教师应首先对学生抱有"尊重之意"，再在此基础上构建良好的师生关系。

从教学关系中的角色定位来看，扮演"教人"角色的一方首先应尊重"被教"的一方。

社会心理学家埃里希·弗洛姆（Erich Fromm）指出"尊重意味着让他人用他们自己的方式成长和发展"。因此教师不得试图改变或操纵学生。不设定任何条件，认可学生"真实的模样"才是尊重的最高境界。

"试图操纵或者纠正他人"都是不尊重的表现。尊重可以说是激励之源，如果"真实的自己"能够得到教师的认可，学生自然会获得巨大的勇气。

💬 教师的"独裁"只能换来有限的顺从

假设教师是"强大的独裁者"，试图以强权或恐吓来要求学生无条件地服从自己。学生在面对这样的教师时的确会表现出顺从的态度，其他教师也可能会认为"有某老师在，学生都会老老实实地听从教导"，并因此自认不如。

但这只是学生屈服于权力的表现，当教师以"独裁者"的形象出现在学生面前时，学生甚至不想听懂老师究竟在说些什么，他们只想知道该如何保护自己。即便在压制下度过了难熬的一年，学生还是会在第二年更换其他教师的情况下迅速恢复到原来的状态，甚至还有可能因为长时间遭到压制而情绪爆发。造成这种恶性循环的原因便是教师不尊重学生。

构建和谐的师生关系要从教师尊重学生开始。

但尊重学生并不只是嘴上说说那么简单，任何人都可以通过语言和态度本能地感受到自己是否得到了他人的尊重。因此，要做到真正的尊重并非易事。

学生对谎言和算计十分敏感，一旦意识到教师在说谎，他们便不再会尊重教师。因此，作为教师，应该认可学生本来的模样，并从心底给予他们真正的尊重。

要点

在班级管理中要做到尊重学生。

关注

⋯ 捕捉学生的关注点

教师应该关注学生的兴趣，接受并尊重其真实的个性，维护学生的尊严。因此，作为师生关系构建的重要一环，捕捉学生的关注点是教师需要迈出的第一步。

当学生对学业之外的其他事物产生浓厚兴趣时——假设学生正在玩一些教师无法理解的游戏，或者正沉迷于某个卡通角色，很多教师都会皱着眉头说"你们的行为毫无意义"或"我希望你们能做一些对学习更有益的事情"之类的话。同时，还会在此基础上尝试给予学生"更有用"或"有价值"的教导。

可以肯定的是教师并没有恶意，他们只是基于"为了有更好的未来，最好现在立即停止对学业无益的行为""相比之下，专注于学业会有更大的收获""单纯为学生着想"等想法向学生提出中肯的建议。

然而，从另外一个角度出发，教师的此类言行否定了学生原本的兴趣爱好，是缺乏尊重的表现。这只会拉大师生之间的距离。

　　关注学生的兴趣是构建良好师生关系的第一步，无论学生的兴趣爱好在教师眼中是多么粗俗乏味，教师首先还是应该试着去了解。同时，教师也应该进行尝试，有时甚至可以实际参与到学生感兴趣的活动中去。

关注学生的兴趣

⟨···⟩ 教师也可以虚心求教

如果教师不知道学生对什么感兴趣，可以要求学生填写问卷、制作自我介绍卡，或者直接问学生："你最近对什么感兴趣？"除此之外，教师还可以关注学生用品上经常出现的形象。

通过以上几种方式，教师应该能够了解学生的兴趣爱好，如他们所喜爱的动漫和艺人等。

我经常会看学生喜欢的动画，还会浏览他们感兴趣的视频网站。

课间休息时，每当我与学生聊起这些话题，他们总会睁大眼睛，向我投来关注的目光。

当我问道："我昨天看了……谁能给我仔细讲讲吗？"大多数学生都会争先恐后地为我讲解。

因此，请首先关注学生的兴趣并以此为出发点，建立良好的师生关系。

要点

捕捉学生的兴趣点。

同理心

⸬ 站在学生的角度思考问题

人们无法轻易摆脱主观性，即使我们试图体会学生的感受，也会不自觉地从教师的角度思考问题。

如果无法与学生产生共鸣，教师往往会向其传递负面信息，如"你为什么这样做？""你不能那样做！"

所以，你可以想一想，如果我们拥有与学生相同的心态、过着与他们相同的生活，在面对同一件事时你会怎么做呢？

想象一下，假设你与某学生处于相同的年龄段，有着相同的性别、家庭关系、交友情况，你也许会恍然大悟并感叹"我肯定也会和这个学生一样，面临同样的问题"，继而也可以想象"我相信自己也会像这个学生一样，采取相同的处理方式"。

假设有一个不爱学习的学生，你可能会直接问他"你为什么不学习"，但这其实是一种缺乏尊重的态度。

相反，你首先应该考虑如果我拥有和他一样的心态、过着与他相同的生活，我会怎么做呢？

你应该可以想象出自己在面对学习任务时会采取怎样

的态度、为什么拒绝学习。能够通过换位思考设身处地地理解学生的感受与情绪，就是我所说的拥有了"同理心"。

⋯ 以学生的心态去感受

阿德勒指出，"我们需要用他人的眼睛去看，用他人的耳朵去听，用他人的心去感受"。

请你站在学生的立场去看一看平日里再熟悉不过的教室。你看到了什么？感觉如何？

如果你可以用学生的心态捕捉当下最真实的感受，则有助于你摒弃自己的教师身份，从学生的角度出发，设身处地地用他们的眼光看待问题，更好地体会他们的感受。

要点

如果身处学生的立场，你会有怎样的感受？

设身处地地理解学生

信赖

··· 信任和信赖的区别

相信有信任和信赖 2 种形式，工作中的人际关系是信任关系，而友谊则是一种信赖关系。

在工作中建立的人际关系通常会涉及某些利益或外部因素，这种关系有一定的前提条件。例如，恰好是同事关系，所以才会相互配合；虽然不欣赏对方，但因为是商业伙伴，所以仍然会维护关系并对其提供帮助。基于工作的关系，无论个人好恶如何都别无选择，只能建立关系并加以维护。这便是以工作利益为纽带的信任。

友谊关系中则没有"必须要与某人成为朋友"的强制条件。友谊通常不涉及利益，也很少受外部因素的影响。

举例来说，就像是你回到家乡，与偶然相遇的朋友聊聊近况，你相信的是对方本人，而非在两人之间的某种条件。这就是一种单纯的信赖关系。

任何人都不可能相信自己不尊重的人。因此，能否建立信赖关系在很大程度上取决于对方是否值得我们尊重。

显然，友谊就是这样一种信赖关系，构成友谊关系的双方相互尊重真实的对方。双方都不必能力非凡，只需展现出自己真实的一面。

··· 在信赖的基础上开展师生沟通

以信任为基础的师生关系会导致教师形成"因为是自己班上的学生，所以才会给予照顾"的态度。在这样的关系中，学生无法得到教师真正的尊重和重视。

师生关系的建立始于无条件的相互信赖，而真正的信赖是一种不会枯竭的动力。因此，请在信赖的基础上面对自己的学生。但不可否认，师生关系也存在一定的偶然因素。有这样一句谚语："你可以带马到水边，却不能强迫它喝水。"学生是否相信教师，取决于学生本身，但教师仍须给予学生无条件的信赖，只有这样才有可能赢得学生的信赖。

要点

你能否站在教师的角度信赖自己的学生？

信任和信赖的区别

信任

我还是管一管他吧，谁让他是我班上的学生呢。

信赖

这才是他应该有的样子，尽情地释放天性吧！

专栏 三

对学生称呼的多样性

在教室里叫某位学生时，你通常会怎么称呼他呢？

为了鼓励学生努力学习，教师有必要改变对他们的称呼方式。

教师可以把学生当作成年人来进行沟通，如将男生称为"男士"，将女生称为"女士"，可以说"效法这位男士的做法""采用这位女士的方法进行尝试"。学生也乐于被教师当作成年人来对待，他们的自尊心会因为这种特别的称呼而增强。

此外，教师在批评学生时可以使用"你这个家伙"的表达。例如，"你这个家伙竟然会做这种事！"或者"你这个家伙以为这样就结束了吗？"

当然，在课堂上，教师可以称呼学生的全名，以此来营造正式而严肃的氛围。

不同以往的称呼方式可以给学生带来特别的感觉，这虽是教学中微不足道的一个小技巧，却可以让教师对学生的要求与指导变得更加易于传达。在日常工作中，不妨试着在学生的称呼上多花费一些心思吧！

第 2 章

课堂教学中沟通的方法

使用拟声词、拟态词

··· 通过拟声词、拟态词增加趣味性

你是否留意过艺人在电视节目中讲述近期趣事时所采用的表达方式？仔细听来，这些所谓的趣事都很稀松平常，但是他们绘声绘色的描述的确让那些看似普通的经历听起来十分有趣。

那么，怎样才能让自己略显枯燥的表述内容听起来十分有趣呢？在教学过程中，使用拟声词、拟态词并结合其他修辞手法进行表述是教师增加课堂趣味性、加深学生理解的一种有效途径。

拟声词、拟态词是表现声音和状态的词汇。通过使用拟声词、拟态词，教师的语言将更加自然且活灵活现。

此外，如果教师能够在使用拟声词、拟态词的基础上搭配一些肢体语言，那么将会给学生带来身临其境的感受。例如，如果教师说"请把名字写大一些"，学生很难在如此简单的表述中对"大"产生直观的感受。但如果教师说"请把名字写大一些，就像咚的一声炸裂开来一样"，并且搭配肢体语言，学生将更容易捕捉到教师的意图，教学也更容

易达到理想的效果。

此外，还可以参考这些拟声词和拟态词的表达方式。

> • 请唰地一下举起你的手，但要保持安静哟！
> • 吭哧一下用尽全力。
> • 有没有人丁零一下灵光乍现？
> • 真心话扑通一下脱口而出了。

像这样清晰明了、节奏明快的表达是最理想的。

要点

善于在课堂上利用拟声词、拟态词与学生进行沟通。

使用比喻的修辞手法

💬 **使用比喻的修辞手法深入阐释**

成年人拥有丰富的经历和体验，所以能够理解相对抽象的意图。但学生缺乏生活经验，想象力有限，理解能力相对较弱。因此，为了以易于理解的方式向经验匮乏的学生有效地传达信息，教师需要具备使用比喻这一修辞手法的能力。

具体来说，比喻会使抽象的事物变得具体、深奥的道理变得浅显，以便教师将意图准确地传达给学生。例如，每个学生对"慢"的理解不同，因此当教师希望学生放慢书写速度时，"大家要慢慢写"这种表述方式很难让学生准确地接收信息。教师可以说："大家要写得像蜗牛爬行一样慢。"蜗牛行动迟缓的特征在人们心中根深蒂固，通过这一表述，教师可以形象地向学生传递信息。

对于难以理解的内容，教师也完全可以将其比作学生熟悉且容易联想到的事物，以此来加深他们的理解。此时教师可以说："打个比方，让我们像……一样去做。"

💬 使用比喻讲解"V"字形飞行编队的案例

当教师希望自己表述的内容能够给学生留下深刻印象时，使用比喻是十分有效的。

每当接手一个新的班级，我都会对全班同学说："我希望你们呈现出候鸟一样的状态。"听到这里，学生都会满脸疑惑："像候鸟一样？这是什么意思？"

因此，接下来我会这样说：

"随着季节的变化，候鸟会排列成'V'字形，飞越海洋，飞往另一片大陆。这一飞行状态有助于减少候鸟飞行时的阻力，此时它们仅需付出单独飞行时 70% 的力量。但是，有些鸟还是会从鸟群中掉队。因为海上没有可以停靠的地方，所以从鸟群中掉队就意味着死亡。现在我要提问了，你们认为其他鸟在面对同伴掉队时会采取怎样的行动？

有 3 个选项：①帮助掉队的鸟；②原地等待；③选择无视。

其实，正确答案是①，但不是每只鸟都去帮

忙。只有附近的几只鸟会去把它带回鸟群。就这样，大家互帮互助，渡海迁徙。"

　　说到这里我会稍作停顿，然后继续说："我希望我们班上的同学可以像候鸟一样共同前行。在接下来的一年里，有些同学可能会遇到一些麻烦，比如说'学习跟不上'或'运动方面有所欠缺'等。这时，遇到问题的同学就像掉队的小鸟一样无助。那么，每当出现这种情况时，应该由谁来帮助他们解决眼前的问题呢？我希望近在咫尺的同班同学可以提供无私的帮助，在班内形成互帮互助的良好氛围，大家共同度过这一年的学习生活！"

　　通过这种比喻，枯燥乏味的内容会在学生的脑海中形成生动的画面。这有助于加深他们的理解，而学生也会像听有趣的故事一样被深深地吸引。

　　很多谚语、寓言都是通过比喻来阐释哲理的。从谚语、寓言中选择恰当的内容并用到平日的教学中去，也是教师在开展教学活动的过程中必须掌握的一个方法。

要点

通过比喻的修辞手法来表达自己想要表述的内容。

学会讲故事

··· 用 "4F" 讲述过往经历

如果只通过"它很棒"这样枯燥的语言来强调某事物很精彩，往往不能激发学生的兴趣。教师应善于发现学生正在努力解决的问题并积极了解他们对于问题的认识，有针对性地发表意见。例如，教师说："老师也有过这样的经历，通过自己的努力，才克服了困难。"这样学生会认为老师理解自己并会在同理心的作用下产生动力。因此，作为教师应善于利用自己的经历讲述自己生活中的故事，从而拉近与学生的距离。

在给学生讲故事的过程中，融入"4F"是非常重要的。"4F"是 4 个英文单词的首字母，它们分别是：

---

① Failures（失败）

② Flaws（缺点）

③ Frustrations（沮丧、懊恼）

④ Firsts（初体验）

听过教师所讲述的包含"4F"的故事后，学生通常会产生亲切感，萌生"我自己也许能做到""我试试吧"等积极的想法。

··· 讲述自己的人生故事

如果教师希望让学生认识到见面时问候的重要性，首先应联想自己有关问候的失败经历。例如，因为没有向顾客问好，兼职时自己和同事曾遭到投诉的故事。或者自己第一次跟某人打招呼时发生的故事。而我经常会向学生讲述自己上高中时的经历。

"同学们，我们要主动向他人问好。话虽如此，但老师知道早晨起来大家都困得不行，实在很难张口打招呼，对吧？事实上，当我还是个孩子的时候，也不会主动跟他人打招呼。然而，在步入高中后，我们学校有一位非常严格的剑道部的老师，他曾十分严厉地要求我们必须主动向他人问好。于是，我开始很不情愿地跟别人打招呼。不知不觉中，学校里的每一个人都会主动向他人问好，我们甚至还会异口同声地跟来到学校

的客人打招呼。客人评价道：'这所学校给人感觉不错，不是吗？学生会跟每个踏入校门的人打招呼。'听到这种褒奖后我深刻地感受到原来问候可以打动人心。正是因为我自己有过这样的经历，所以我希望我们班级里的每个同学都可以主动跟别人打招呼。"

没有人从一出生就有正确的价值观，在价值观形成之前，一定会发生各种各样的故事。教师可以从自己的生活中提取有意义的故事讲给学生听。

要点

以讲故事的方式陈述自己的观点。

传递唯一的重要信息

💬 什么是信息？

　　与学生交谈时，教师心中通常会有一个一定想要传达给学生的信息。我将这种信息称为"唯一的重要信息"。为了有效激发学生的兴趣、调动他们的情绪，教师要从始至终明确地强调这个"唯一的重要信息"。如果全班 40 人都能在听完教师的陈述后不约而同地总结出"老师刚才的讲话是希望向我们传递……"那便意味着教师成功地完成了一次传达，而教师在达成此目标前需要做的便是将自己的信息精炼为"唯一的重要信息"。

　　为此，教师可以尝试将自己想要传达的信息控制在 20 个字以内。如果事先确定了这样的规则，将有助于我们最大限度地提炼出自己真正想要表达的内容。经过提炼的信息不容易产生歧义，可以明确地传达主题思想。

　　如果教师希望向学生传达整理物品的重要性，就应该最大限度地缩小信息范围，抓住重点，简明扼要地进行阐述，如"整理物品就是整理心境"。字字都能彰显精髓，这种短小的信息更容易被学生牢记。

最成功的表述是让每个学生
都可以总结出同样的信息

一人分饰两个角色

⋯ 用一人分饰两个角色的方式进行表达

　　教师通常都希望将自己身边发生的事情讲述给学生听，但不知为何学生总是听不进去。

　　在这种情况下，表演"独角戏"是非常有效的方法。用"独角戏"还原实际发生的事情。

　　教师可尝试使用模拟对话的方式进行表达，即扮演某个人物并模仿其言行。为了体现真实性，在讲述的过程中教师要适当改变站位，让学生感觉人物原型仿佛就在自己面前。你一定会发现学生的目光聚焦在自己身上。

要点

　　将你与有趣的人的对话，还原给学生看。

把握好沟通节奏

··· 在学生深入思考时保持沉默

沉默往往会让双方陷入尴尬。不恰当的沉默可能会使学生的注意力转移。因此,尽量避免沉默是沟通的基本原则。

但是另一方面,恰当的沉默反而可以成为教师语言表达的有力武器。最重要的是把握好时机,尤其是以下 2 种情况,教师可以保持沉默。

第一种情况是当学生深入思考时。

当教师提出问题后,学生很有可能会保持沉默。人在思考的时候不可避免地会沉默。然而,不得不等待的教师有时可能无法忍受沉默给自己造成的紧张和焦虑,情急之下就会不停唠叨。

但实际上,在这种情况下,教师一定要忍耐,并且面带笑意地默默等待。这样做就是在告诉学生:"谢谢你们如此认真地思考老师提出的问题,无论结果如何,你们对待问题的态度已经令我十分满意了。"

课堂上,教师提问后的沉默其实十分可贵。这可以让学生拥有充足的时间积极思考，同时也能营造出良好的课堂氛围。

因此，即使课堂变得沉默，也切记不要焦躁、着急，冷静地等待学生的答案。

要点

课堂上应留出给学生思考的时间。

⋯ "说重点"前的短暂停顿

教师应保持沉默的第二种情况是在表述重要内容之前。

学生会因为教师的沉默而立即集中注意力，而且在此之前的说话节奏越好，沉默的效果也就越好。

短暂的沉默可以调节课堂教学的节奏。学生会因为好奇而将注意力转向教师。例如，教师说："最近，有个事情让我很担心，那就是……（沉默）你们的随身物品问题。"就像这样，做短暂停顿。停顿时间不必太久，一般以控制在 0.5 秒左右为宜。

结合上文，总的来说，教师应该在表述重要内容之前以及之后给学生留出一定的时间。

表述前的短暂停顿可以引起学生的注意，而表述后的沉默则是有意识地为学生留出思考的时间。

适当地把控说话的节奏将有助于教师传达重要的信息。

要点

在表述重要内容的前后为学生留出一定的时间。

34

事先强调分 3 点

··· 在对话开始时强调自己要分 3 点表述

Before(以前)

教师：今天是校外学习，我希望大家注意几个问题。

首先，队伍在途中不要过于分散。

今天对你们来说很特别，但对其他人来说却只是再普通不过的一天。

然后，在车站排队时要注意秩序，在车上要保持安静。

学生：（老师为什么还没说完……）

身为一名教师，有些词汇不宜使用。

小学生常挂在嘴边的口头禅"然后"是教师禁用词汇的典型代表。"然后"一词并不能很好地表现出语言的逻辑关系，让人不清楚说话者最终要表达什么。聆听教导的学生会感觉自己像是在跟随不识路的向导四处乱撞。

在日常教学工作中表述一件事时，教师最好首先向学生传达核心信息，先说出"我想告诉你们的是……"，再做出详细论述。这个方法可以帮助教师在开始说话时就吸引学生的注意力。

方法虽简单，但是效果明显。对于学生来说，如果在一开始就被告知有几个要点，他们自然会做好聆听的准备，甚至还会有意识地拿起笔来逐条记录，以加深理解。

教师想要表述的内容就像拼图碎片般被逐渐拼凑到一起并最终形成一幅完整的画面。"先传达核心信息，再详细论述"可以有效防止跑题。

这一方法不仅适用于学校的教师，任何人在公共场合讲话时都可以使用。

After（之后）

教师：今天是校外学习，希望大家注意以下 3 点。

首先，队伍在途中不要过于分散。

今天对你们来说很特别，但对其他人来说却只是再普通不过的一天。

其次，在车站排队时动作要快。

站内不能大声喧哗，请仔细观察老师的手势。

最后，在车上请保持安静。

有些人想利用短暂的通勤时间睡觉，也有些人想借机看书。因此，请大家在车上保持安静，以免影响他人。

学生:(原来如此,我要把这 3 点记下来。)

要点

首先要向学生明确表述"共有 3 点"。

目光及注视方式

视线呈"N"字形或"Z"字形移动

教师在面向全体学生发表讲话时，视线基本上应呈"N"字形或"Z"字形移动。尝试用自己的目光扫视班级内的每一个学生，而不是仅关注某一点。

具体来说，教师可以选择教室前、后、左、右任意边缘位置的2名学生，分别作为自己目光扫视的起点和终点。然后，垂直或水平移动视线，将目光投向教室内的每一个角落。

有意识地与每个人进行眼神交流

教师应该有意识地与每个学生进行眼神交流。具体来说，就是让每个学生都能感受到"我和老师对视了"。

在一对多的状态下发表讲话时，教师最好可以每说一句话就看向一个学生，再沿"N"字形或"Z"字形路线将目光转移到下一个学生身上。

如此一来，聆听教导的每一个学生都会觉得自己是教师的唯一谈话对象，通过目光的接触，切实地感受到教师对自己的关注。

> **要点**
>
> 将自己的目光投向班内的每个学生，并且与每个学生进行眼神交流。

移动视线

事先确定讲话内容的开始和结尾

💬 讲话的开始和结尾说什么？

有些教师一旦开始发表讲话，就会漫无边际地一直说下去，使人不得要领。讲话不知何时才会结束，聆听教导的学生也会因此变得心浮气躁。

之所以会出现上述的情况，原因之一是教师的讲话目标不明确，没有确定内容的开始和结尾。此时，教师的讲话往往会在不知不觉中开始，经过长篇大论之后又草草收尾。

为了防止这种情况的发生，教师在讲话之前最好先确定讲话内容的开始和结尾。

具体来说，教师可以首先表述结论，然后围绕结论展开相应的论述，最后点题，再次突出中心思想。

如果教师按照上述方法讲话，学生就可以理解教师讲话的意图，也能毫无压力地聆听教导。而教师也因为有明确的目标而不至于离题万里。

要点

按照结论→具体案例→结论的步骤讲话。

说话需要幽默感

有效表达的 3 个基本条件

有效表达需要具备以下 3 个条件：

①易懂

②有用

③有幽默感

如果一段话满足这 3 个基本条件，便可被视为有效表达。

许多教师在和学生说话时都试图做到易懂、有用，但是能够有意识地做到说话幽默的教师并不多见。

失败经历是最简单实用的幽默素材

有的教师可能会说："我想让自己在说话时更有趣一些，但又怕适得其反。"在这里，我将简单地介绍如何将幽默运用到教学中去。

想要说话幽默，就必须要有谈资。对于教师来说，自己的失败经历就是教学过程中的最佳幽默素材。教师可以尝试在"你必须……"或"你应该……"等说教后加上"当老师还是个孩子的时候……"的表述来转移话题，向学生讲述自己的失败经历。

例如，我会像这样与即将主持发布会的学生进行沟通。

"既然当上了主持人，那就要好好练习台词。不过，我小时候曾经犯过一个大错。我上小学的时候，曾主持过学校的文艺汇演。当我手持麦克风站在舞台上说到'今天，大家……'时，脑袋一片空白。不过当时又不得不说些什么，所以下意识地说出'我忘词了'。这几个字响彻整个体育馆。朋友们大笑起来，老师们则慌了神。因为这次尴尬的经历，在那之后我越来越抗拒在公共场合发言。要想获得成功，重要的是练习，而我当时就是因为疏于练习才在正式演出中经历了令自己羞愧的一幕。所以，你们一定不要像我一样，要努力练习才行。"

如果教师只是高高在上地说教，学生难免会发牢骚："又开始啰唆……我已经知道了。"

但是如果教师能够讲一些幽默的故事，学生往往会被深深地吸引，高呼："是什么样的故事？接下来怎样了呢？"

因此，教师如果发现了某些问题，并且希望围绕这些问题教导学生。应首先回顾自己的生活，看看是否发生过与这些问题具有一定关联性且有趣的故事。

要点

不应强硬说教，而是要以向学生讲述自己有趣的失败经历的方式讲道理。可以用"你应该……不过呢，老师其实也曾犯过这样一个错误……"的讲述方式。

有效表达的条件

易懂

有用

有幽默感

44

专栏三

闲谈莫论人非

每所学校都有各种各样的教师，其中最令人头疼的就是喜欢在背后说人坏话或议论他人的人。

你或许也曾因此而烦恼。即便能在短时间内与这种人和谐相处，但随着时间的推移，难免也会感到疲倦。

"你知道吗，那个老师做过很差劲的事呢……"

在聚会上，你可能听到过这样的话。此时，你不应该随波逐流地也议论他人。一旦你加入了议论，周围的人也会将你视为"喜欢说别人坏话的人"。

当你被贴上这样的标签时，周围的人也许会认为"他也有可能在背后说我的坏话"。

从心理学的角度来看，人们不会对"可能说自己坏话的人"敞开心扉。人们也许会在表面上维持关系，但这样的人很难令人相信，也很难赢得他人的尊敬。

因此，请不要说他人的坏话，即使周围有人表达对某人的不满，也不要随波逐流。你可以直接忽略他们的言论，或者通过"哦？是吗？那也太糟糕了，对了……"的方式转移话题。

第 3 章

与学生沟通的方法

安抚

··· 通过安抚补充心理营养

教师每天都会以表扬、批评以及其他方式与学生进行沟通。师生之间的沟通可以说是教师工作中不可或缺的组成部分。然而,这些沟通是否都达到了教育的目的呢?

在这里,我们从交流分析理论中的安抚出发,围绕如何更好地进行师生沟通展开思考。

我们需要每天进食来维持生存所需的能量,而获得安抚的重要程度甚至不亚于进食。

安抚是认同对方的存在价值的一种行为。我们在生活中随处可见互相安抚的情境。例如,上班时我们会与同事打招呼。教师在教室里会询问学生:"今天状态怎么样?"而学生也会给予教师反馈。即使当教师质问打闹的学生"你为什么要那样做?"时,这种负面的表达在某种程度上也传达出了安抚的信号。

像这样,在一天之中,我们会进行许多表达相互认同的对话。这可以说是一种"安抚的交换"。

为了准备课堂上的素材,有时我会去采访各行各业的人。当我问"您在什么时候会觉得自己的这份工作很有意义？"时，几乎每个人都会给出相近的答案，即"当人们因为我的工作而对我表示感谢时"。

表示感谢是安抚的一种重要的表现形式。虽然每个人工作的内容和形式不尽相同，但归根结底，我们都希望通过工作带给他人喜悦，并且能够获得他人的肯定，这便是安抚的效果。

(···) 安抚的类型

安抚包括身体安抚和心理安抚，也可以分为肯定安抚和否定安抚。简而言之，肯定安抚是表扬，否定安抚是批评。

生活中，正是这些安抚充实了我们的内心世界。

> **要点**
>
> 安抚是生活中不可缺少的基本要素。

	心理安抚	身体安抚
肯定安抚		
否定安抚		

缺乏安抚

⋯ 一旦缺乏安抚……

缺乏食物会令人感到饥饿，同样，缺乏安抚会令人感到内心空虚。

在学校生活中，大量的肯定安抚可以让学生感受到快乐。但是，如果缺乏肯定安抚，基于"否定安抚总比没有安抚好"的想法，学生也会希望得到否定安抚，并为此而采取行动。就如同人处于极度饥饿的状态时会饥不择食一样。

家庭中时常出现的行为倒退也是孩子缺乏安抚的一种表现。在弟弟或妹妹到来时，哥哥或姐姐有时会出现行为倒退的现象。

哥哥或姐姐意识到曾经从父母和祖父母身上得到的大量安抚已经从自己身上转移到了刚出生的弟弟或妹妹身上，因而变得非常焦虑和害怕。孩子觉得自己必须为此做点什么，所以他们会用玩具和糖果来制造麻烦，以此引起家长的注意。或者孩子故意尿湿裤子要求家长为其处理。通过以上种种行为，年幼的哥哥或姐姐会感到"虽然有点不同，但被人照顾的感觉真好"并因此得到满足。

💬 试图以不受欢迎的行为获得安抚的学生

在学校，没有获得肯定安抚的学生可能会出现不当行为。这与家庭环境中所出现的行为倒退现象十分相似。他们会在课堂上蛮不讲理甚至表现粗鲁，以此来吸引教师的注意，并最终遭到警告。

有些学生会试图通过不上学等非建设性行为引起家长和教师的注意。即便明知自己会遭到批评，他们也希望自己可以得到否定安抚。

所以，如果学生试图以不良行为引起他人的注意，教师首先应该关注学生的安抚状态。尝试创造可以让学生受到表扬的机会，或者策划可以让他们发挥积极作用的活动，帮助学生以正确的方式获得安抚。

在本章后续内容中，我将介绍10种可以让学生正确获得安抚的师生沟通方法。

要点

缺乏安抚时，学生往往会采取行动，以寻求获得否定安抚。

以不受欢迎的行为获得安抚

首先传递轻松的信息

··· 从点赞开始

现在很流行在社交软件上为他人点赞，它不像写评论那样烦琐，但仍然能够表达出自己对他人的认可。

教师在课堂上也要如此，信手拈来地向学生传递一些积极信息可以有效调节课堂气氛。例如，当平时不积极回答问题的学生举起手时，教师应毫不吝啬地称赞"很好"；如果学生的发言非常优秀，教师也要称赞"你刚才说得很好"；如果学生把好的想法写到了笔记本上，教师同样要说"这个方法不错"来表达赞美。

此时，互动的数量比质量更重要。我们要尽可能多地向学生表达出肯定安抚。

如果有些表扬过于直接而可能会让学生害羞，教师可以尝试以自言自语的方式进行称赞。这种方式避免了师生之间的眼神交流，可以有效缓解尴尬。

这种方式的沟通对教师来说难度较低，很容易做到。不妨尝试从这样的细微之处开始与学生展开互动吧！

要点

善于给学生点赞。

示好

⋯ 3个"喜欢"

如何能在沟通中受到学生的欢迎？首先要做到喜欢学生。人们在与自己喜欢的对象交流时，无论是面部表情还是语言都会变得温柔。这种态度极富感染力。如果你向对方展现出友好的态度，对方也更容易做出友好的回应。这就是投之以桃，报之以李。但在面对同事或班级里的学生时，我们很难说出"我喜欢你"这样的话。

对此，我总结出了以下3个可以对学生表达好感的切入点。

①群体

将喜欢的对象从个人转化为群体。

教师可以在全班同学面前说"老师很喜欢你们这个班"，也可以在年级会上说"我爱这个年级"。教师通过这种方式展示自己对群体的青睐。

②行为

将喜欢的对象从个人转化为行为。

例如，"我喜欢你到最后都不放弃的态度""我非常欣赏你会提前做好准备这一点""我很喜欢你言而有信"。教师可以通过这种表达，表示对学生行为的好感。

③物品

将喜欢的对象从个人转化为物品。

例如，"哇，这个垫板真可爱，我好喜欢那个图案啊""这个笔袋好精致啊，我喜欢"。教师可以通过赞美学生的物品来表示对学生的喜爱。

"喜欢"一词不仅能传达好感，还可以让周围的人感受到"这个人会将视点聚焦在事物美好的一面"。

教师毫不吝啬地将自己善于挖掘美好事物的一面呈现在学生面前，有助于赢得学生的爱戴。

为了建立良好的师生关系，教师需要站在客观的角度观察，发现并关注学生的优点。例如，"这孩子这一点非常好""他竟然还有这样的一面"。

随着观察的深入，教师也逐渐能够从更加积极的视角观察学生。充满好意的安抚就像回旋镖一样，当教师向学生投去善意的目光时，学生也会以相同的方式回馈教师。

要点

向学生传达自己对群体、行为、物品的好感。

善于发现

··· 从观察开始

　　教师要善于在日常工作中观察身边人的言行，只有这样才能给予他人恰到好处的安抚。

　　有人说"赞美的本质就是发现"。如果教师没有一双善于发现的眼睛，就很难表扬学生良好的行为及日常的努力。通过每天的认真观察，教师会自然而然地发现学生的努力、同事对于自己的照顾，萌发出敬佩、感激、感动之情，从而能够发自内心地赞美对方。

　　得到表扬的学生也会感到"老师看到了我的努力"，并因此而更有动力。只要细心观察，就连对方默默的努力也会被我们发现。如果我们能够对这种努力给予表扬，可能会产生极大的效果。比起理所应当的褒奖，当自己默默的努力能够获得认可时会更令人喜出望外。

　　教师不应只看结果，也要注重对过程的表扬。被表扬的学生会因此产生感激之情，从而对教师更加信赖。

⌣ 教师对学生越熟悉就越能够得到信赖

教师对于学生的表扬有赖于平日的细心观察。这会让教师增加对学生的关注度，教师的观察力也能更加敏锐。如果教师有意识地挖掘学生身上值得表扬的优点，那么表扬学生将不会存在任何困难。

下面就让我们一起检验一下自己的观察力吧！请选择班里你最了解的一个学生，尽可能多地写出与他有关的信息。例如，家庭构成、生日、朋友关系、学习中存在的问题、课间表现等。

所写内容的多少与你和学生之间的信赖关系有高度关联性。教师对学生的情况越熟悉，学生对教师的信赖程度就越高；相反，越不了解学生的教师所获得的信赖程度就越低。学生通常希望向了解自己的教师敞开心扉，这也许就是人性的体现。

因此，教师需要尽可能多地了解自己的学生。

要点

关注学生的成长。

准确地说出学生的名字

··· 名字与自我重要感息息相关

在学生心里存在着一种自我重要感，这是一种想要切实感受到自身存在价值的愿望。

名字是生活中展现自我的最重要途径。牢牢记住学生的名字并且不出错地说出，可以使学生的自我重要感得到满足。因此，善于沟通的教师会在对话中不断提及学生的名字，这会让学生感到自己被教师所接纳，从而获得安心感，对教师也会抱有亲近感。

大多数学生在发现教师不知道自己的名字时都会感到失望，这是因为他们感到自己的存在价值没有得到肯定。因此，教师要做好准确叫出学生名字的准备，以免伤害学生的自我重要感。

··· 快速记忆人名的方法

有些教师可能会认为自己不擅长记住学生的名字。所以，我会着重介绍记住名字的基本方法。

在师生见面的第一天，教师既可以按照学号为学生逐个拍照，也可以要求全班学生按照学号顺序排队一起照合影。这样教师就可以对着照片来加深记忆。

教师可以尝试利用联想记忆。例如，可以想象名叫"小岩"的学生坐在小岩石上的场景。或者，如果自己认识同样叫"小岩"的人，也可以联想自己所熟识的"小岩"的形象，再观察眼前的"小岩"，努力寻找二者之间的关联性以帮助记忆。

从开学第二天开始，教师就可以尝试在日常对话中加入学生的名字。

如果教师以"名字＋一句话"的方式与学生进行沟通，学生的名字就可以在一天中被多次重复。例如，见面问候时说："A同学，早上好！"在课堂上表扬："B同学做的笔记真棒！"

教师越是重复学生的名字，学生就越会意识到自己是重要的。

因此，我们要准确记住学生的名字，并且不断地在课堂教学和日常对话中使用。

要点

从开学第二天开始，教师可以通过"名字＋一句话"的方式提及学生的名字。

记住学生名字的方法

按照学号顺序拍照

一、二、三，茄子！

与已知的信息相关联

他是小岩啊……

创造机会

💬 教师要善于创造机会

教师可以在休息时主动与学生进行交流，促进师生间的沟通互动。话虽如此，但如果没有谈话的契机，也很难开展进一步的互动。

如果教师直接问学生"最近怎么样"不免有些奇怪，因为教师每天都和学生见面。

教师最好可以提及学生感兴趣的话题。例如，可以尝试购买学生感兴趣的商品，以吸引他们注意，继而开展互动。

我经常穿印有卡通人物的衣服，比如印有超级马里奥的衣服就会成为一个加分项。"天啊，是喷射战士！""老师，你喜欢马里奥吗？"看到衣服上的图案，学生通常都会主动开启话题。这时，我会适当地装装糊涂。而学生也会笑着吐槽："老师，你好奇怪啊！""老师，你在说什么呀！"这样谈话氛围会变得越来越好，学生也能感受到我的幽默。

如果仅仅通过准备衣服和文具等物品就能创造出师生

互动的机会，那将再简单不过了。但是，这些物品有时会被学生忽视，这时就需要我们准备其他物品了。能够引起学生注意的往往都是当下流行的事物。让我们在与学生的互动中留意当下的事物，并据此来准备物品吧。

要点

了解学生感兴趣的事物。

应对 3 种不同类型的学生

··· 班级里有 3 种类型的学生

在学校生活中，教师需尽量接触到每个学生并与其开展互动，但这往往很难做到。

针对这一情况，教师可以把班级中的学生分为 3 种类型，分别思考与各类型学生的互动方式。

A 类：对学校生活充满热情的学生

B 类：不属于 A 类或 C 类的学生

C 类：对学校生活没有兴趣的学生

请你想一想，在这 3 类学生中哪类学生最缺乏安抚呢？答案其实是中间的 B 类。

A 类学生富有动力，能力也很强。无论是在学校还是在家，他们都能得到关注、受到夸奖。就连邻居也会称赞"A 同学，你真棒！"因此，此类学生已经得到了足够的安抚。他们是大部分实习教师和新手教师重点关注的对象。

反之，C 类学生的情况如何呢？第一眼看上去，此类学生似乎没有得到任何安抚，而实际上并非如此。

在学习方面，为了让 C 类学生不落后，周围人往往会帮助他们。在生活方面，此类学生经常遭到批评，但批评其实也是他人给予关注的另一种方式。

因此，C 类学生终究还是得到了很多安抚。然而，由于负面因素居多，这些学生很少能够得到肯定安抚。与 A 类学生相比，教师至少要给予 C 类学生 3 倍左右的表扬才能实现所谓的公平。

⊙ B 类学生需要更多的安抚

B 类学生的情况又如何呢？其实，他们就是所谓的普通学生。

B 类学生不会制造任何问题，成绩处于中流水平，不会令人印象特别深刻。他们很少受到表扬，也基本上没有遭到过批评。休息时，他们也不会主动接近教师。事实上，教师往往最容易忽视此类学生。

为了能够公平地给予所有学生足够的安抚，教师最应该关注的就是 B 类学生。

每当教师表扬 B 类学生时，可以对其他 2 类学生产生促进作用。A 类学生会被激发，认为"我可以做得更好"。而 C 类学生也会燃起斗志，认为"那没有什么了不起，我一样可以做到"。这样看来，为了公平、公正地给予所有学生安抚，教师不能只是简单地对所有学生说同样的话。教师需要对学生进行分类，结合各类学生的实际情况，采取不同的方法加强互动。

要点

最需要给予足够安抚的恰恰是 B 类学生。

B 类学生同样需要安抚

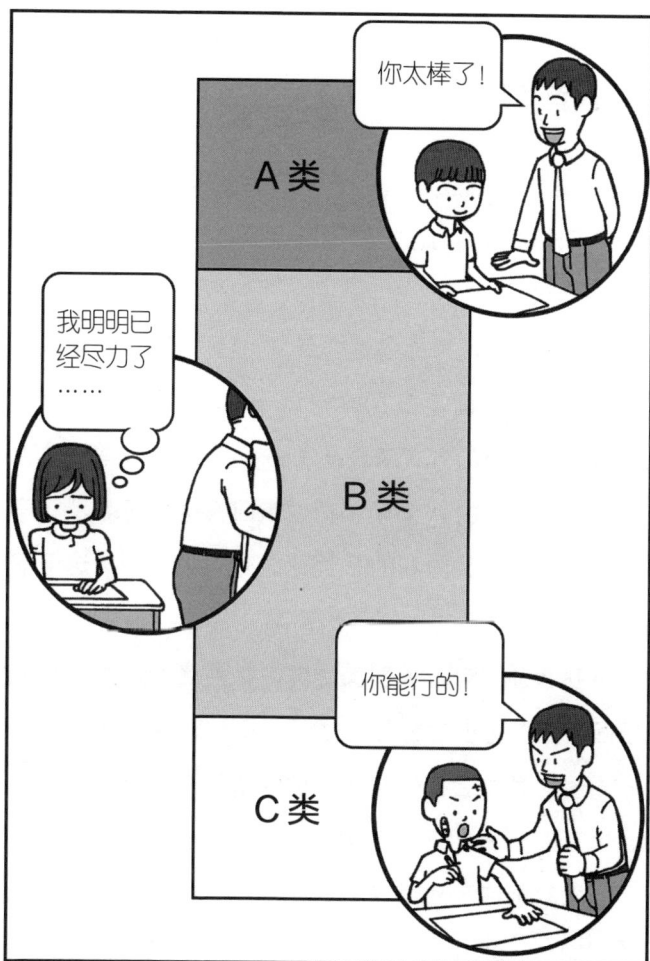

在点名前后进行表扬

💬 点名 + 优点

有的教师可能会说："我想表扬每个学生，但出于各种原因我无法做到。"在这里我想介绍一个"在点名前后进行表扬"的方法。

一般情况下，教师会这样点名："好，请 A 同学来回答这个问题……下面请 B 同学来试一试。"其实教师可以在此时以添加定语的方式来表扬学生。例如，"在笔记本上写下自己独特想法的 A 同学，请你来回答这个问题。""可以一边听讲一边点头附和的 B 同学，你可以试一试这个问题吗？"等。

听到教师对自己的赞美之词，被点名的学生会高兴地给予回应，发言也会更有动力。

周围的学生会在听到教师的评价后向被点名的学生看齐，学习该学生的行为和态度。

如果教师在面对某学生时无法迅速给予其表扬，甚至出现"嗯……那个……你……"等无法顺畅表达的情况，反而会对学生造成伤害。因此，为了能够采用这种方法，教师需要记录日常的授课情况，以便与实际情况相结合对学生进行表扬。

> **要点**
>
> 在点名前后增加表扬学生的机会。

以"点名＋优点"的方式表扬学生

"三明治法"

💬 将建议包裹在肯定当中

Before（以前）────────────────

😊 学生：老师，对不起，我的作业交晚了。

😐 教师：这作业是怎么回事？！这么晚才交，而且里面
全都是错误！重做一遍！

😊 学生：……（我明明已经尽力了！）

────────────────────────

教师以指示或提建议的方式对学生给予安抚时，切忌
不由分说地下命令。

人通常会对赞美自己的人给予更多关注。我们给予学生
建议的最终目的是希望学生可以接受并在行为上有所改变。
因此，教师首先需要尝试给予学生赞美，以获得学生的关注。

实际上，教师可以通过表扬→建议→表扬的顺序给予
学生指导。

这种表述方式不存在负面表达，所以不会伤害到学生

的自我重要感。学生在受到表扬后，又得到了成长的建议，就会产生改变的动力。

　　我将这种方式称为"三明治法"，就像三明治一样，教师可以把自己希望传达给学生的信息包裹在表扬的话语当中，作为一个整体传达给学生。当然，这种方式也适用于发表评论、写电子邮件等多种情况。

After（之后）

（人）学生：老师，对不起，我的作业交晚了。

（人）教师：（里面全都是错误，重做一遍！）虽然有点晚但还是交了，这一点值得表扬。不过，里面还有一些问题，希望你能注意。比如说这个字，你仔细看一看有没有错误？

（人）学生：嗯……我发现了，多写了一笔。

（人）教师：没错，当然这只是一个例子。除此之外，其他字可能也存在书写错误。所以，请你仔细检查一遍，然后再交给我。如果因为字迹潦草而写错就太可惜了。

（人）学生：嗯，老师您说得对，我马上检查。

要点

按照表扬→建议→表扬的顺序给予学生指导。

保持良好的心态

⋯ 保持愉悦

在安抚学生时，教师的情绪十分重要。当我和那些优秀教师交谈时，发现他们大多数都是能保持愉悦心情的人。

每个人都希望避开情绪消极的人，甚至不想与他们交谈。学生也希望与充满正面情绪的教师进行互动。教师的良好心态也会影响身边的每一个学生，最终营造出良好的班级氛围。

然而，教师也是人。

除了工作，还有很多因素会导致教师情绪低落。例如，身体不适和日常生活的问题等。

但是即便自己十分痛苦，教师也需要最大限度地掩饰内心的低落情绪，学会保持心情愉悦。

即使心情不好，教师也可以试着展现出愉快的一面，积极的情绪会逐渐被带动起来。

人的行为和心理状态通常会相互影响。只要展现出愉快的表情、使用积极的言语，就可以改变自己的感受，给别人的印象也会随之改变。因此，请试着在学生面前保持愉悦吧。

要点

学会保持愉悦。

展现时间充裕的状态

⋯ 教师要展现出自己时间充裕

如果教师总是说自己很忙，表现出十分繁忙的状态，会让学生感觉"我想和老师聊聊，但他应该没有那么多时间"。因此，学生通常都不会聚集在总是把"忙"挂在嘴边的教师身旁，而教师也会失去很多与学生互动的机会。

教师要尽可能多地在学生面前展现出自己时间比较充裕的状态。在教室里，如果教师看上去有很多可以自由支配的时间，学生自然会希望与教师交谈，甚至聊些无关紧要的"闲事"，也可能会向教师倾吐心中的困惑。教师表现出自己有充裕的时间会带给学生安心感，让他们觉得"有任何问题都可以找老师商量"。

此外，当教师这样做时，自己的心境也会随之改变，似乎真的拥有了更多的时间。

因此，教师可以试着在课间休息时尽可能多地陪伴学生。

要点

即使很忙也试着假装自己时间充裕。

学生可以毫无顾忌地
向假装时间充裕的教师咨询

批评的标准

经常有人问我如何确定批评的标准。这其实很难设定，只能说因人而异。

有人说，批评的标准主要取决于学生的状态，当然也有可能会受到教师主观感受的影响。但是，如果标准不明确，会给人一种反复无常的印象，最终导致教师成为学生眼中"不讲道理"的典型。

我为自己制定了 2 项给予学生严厉批评的标准，其中之一是"学生的言行已经伤害了自己和他人"，如对他人施加暴力、做出可能造成伤害的危险行为、因为绝望而自暴自弃等。在发现学生出现上述情况时，我一定会给予严厉的批评。教师要努力维护每一个学生。因此，必要时教师一定要提高音量给予学生严厉的批评。此外，假设某学生随地丢弃垃圾，如果班上的每个学生都效仿其行为而做出同样的事情，那么后果不堪设想。因此，我的另一个批评标准是"学生的言行已经引起其他人的效仿，并且对集体产生了负面影响"。

我们可以在与其他同年级的教师交谈时讨论批评的

标准。但是，"让我们来制定批评学生的标准"这一说法可能略显沉重。所以，在这种情况下，我们可以采用其他表达方式间接地发问。例如，"我在考虑应该在什么情况下批评学生，你们都是怎么做的呢？"

　　我相信，以此为契机，教师将展开极具价值的讨论。这时可以通过同事之间的反复讨论与研究，再结合实际情况，制定出适合自己班级的标准，并在此标准下适当地对学生进行批评教育。

第 4 章

与同事沟通的方法

于无关痛痒处开始改善同事关系

Before(以前)

🙂 教师 A：早上好！我想和您聊聊有关体育课的问题。

🙂 教师 B：哦？是什么问题呢？

🙂 教师 A：天气越来越热，所以，我想让学生带着水杯去操场，可以吗？

🙂 教师 B：我觉得应该可以吧。（刚上班就突然问这样的问题，我还以为是什么重要的事情呢……）

🙂 教师 A：那我跟学生说一声。

⋯ 对话的 2 种类型

我们通常会在办公室里聊天。你是否也有这样的烦恼——想和同事有更多的沟通，但不知道该说些什么。明明与朋友有很多话题，可一旦遇到不同立场、不同年龄、身处不同环境的人，自己就变得少言寡语。

我们可以笼统地将对话分为 2 种类型，即传达主旨的对话和其他对话。例如，某教师对同事说："今天第二节课需要换教室，麻烦您做好准备。"这就是传达主旨的对话。而"你最近是不是在打高尔夫球？"则属于其他对话。

那么，看似毫无意义的其他对话究竟蕴含着怎样的价值呢？

人们的闲谈往往缺乏主旨。但这些没有主旨的对话却依旧有意义。就像施工前要平整土地一样，它可以帮助我们事先协调人际关系，以使后续的沟通变得更顺畅。

⋯ 话题推荐

当我们想开启一场对话时往往要先选定话题。对于话题来说，最重要的是能够让其他人都参与进来。下面我推荐几个聊天话题，你可以尝试从中做出选择。

- 食物
- 工作
- 新闻
- 出生地
- 服饰
- 共同点
- 宠物

- 健康
- 气候
- 爱好
- 血型

　　简而言之，聊天时最好选择适合所有人且无关痛痒的话题。例如，可以先从天气这类稀松平常的话题出发，再在交谈中挖掘彼此的共同点，继而深入交流。按照这样的节奏推进，对话会更加自然。

　　此外，有一些话题在聊天过程中不宜提及，比较典型的就是政治和宗教类的话题。这些敏感话题有可能让聊天变为激烈的讨论，而不是简单的交谈。总而言之，只有在轻松愉快的氛围中开展的对话才有助于构建良好的人际关系。

After（之后）

🙂 教师 A：早上好！今天天气好热啊。

🙂 教师 B：对啊，真热。

🙂 教师 A：天气这么热，体育课也不好上吧？

🙂 教师 B：你说得太对了，像跨栏这样的项目，练一会儿就得让学生休息调整。

🙂 教师 A：是啊。我昨天还在想，是不是应该让学生带水杯去操场。

教师 B：嗯，这个主意不错。

教师 A：太好了，就这么定了。

要点

从无关痛痒的话题开始交谈。

在不经意间透露自己的习惯

⋯ 通过聊天介绍自己的习惯

就像上文提到的那样，我们不能只围绕着某一固定话题展开交谈。

如果我们只是说"我去了某地旅游，那里是个好地方""下次想去某地"之类的，话题将无法展开。相信每个人都有过诸如此类失败的经验。事实上，对于交谈来说，最重要的是通过倾听和诉说来了解彼此。

我们在对话中可以有意识地谈及自己在何种情境之下会有何种反应。例如，在谈论旅行的话题时可以想一想"自己在旅行时是怎样的人"。随着交谈的不断深入，内容往往会逐渐脱离最初的话题，开始谈及个人习惯。例如，在谈及"提前几分钟进站"时，显然这个问题的答案因人而异。平均来说很多人都会在发车前的 10~15 分钟到达车站，但也有人在发车前一个小时就到车站等待，还有人在发车前的最后一刻才勉强冲上车。

围绕此类话题展开交谈，聊天的参与者可以深入了解彼此是慢性子还是急脾气，这种挖掘彼此性格特点的过程往往充满乐趣。

　　当然，交谈还有可能朝着以下方向发展。

　　A：我会提前很早过去。

　　B：你为什么去那么早？

　　A：如果时间太紧张，万一有什么突发情况，该怎么办？

　　当谈到这样的问题或者有人讲起自己经历过的某个插曲时，谈话的气氛就会越来越热烈。此外，"行李过多""和家人在旅行中争吵增多"等也是聊到旅行时经常被提及的话题。

　　总之，你可以通过聊天的话题来介绍自己的习惯，将自己的性格特点呈现在同事面前，使聊天更有趣。

要点

　　告诉同事自己会在某时做某事。

通过聊天介绍自己的习惯

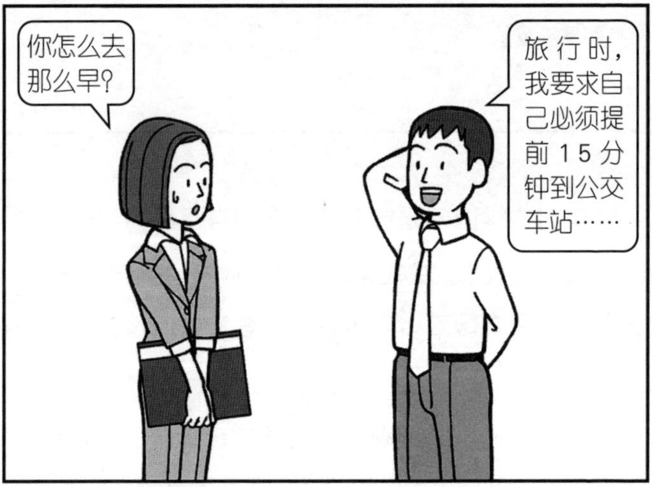

涉及不擅长的领域时可以"鹦鹉学舌"

💬 对自己不了解的话题给予附和

在交谈过程中，如果对方所讲的是自己不感兴趣或不熟悉的领域，那该怎么办？

很多人都认为聊天过程中最令人头疼的是对方谈及自己所不了解的话题。但我认为这仅仅是一个误解。误解的核心就在于我们抱有一种错误的观念——自己也要与对方拥有同等的知识量才能将谈话继续下去。例如，如果对方说"我最近沉迷于职业棒球比赛"，这时我们应该怎么接话呢？你是否会认为既然对方提到了职业棒球比赛，那我就必须谈论一下自己对于棒球的理解？殊不知，对方实际上是想阐述自己对于棒球的认识。

在这种情况下，"鹦鹉学舌"显然是一个有效的办法。

"鹦鹉学舌"的重点是以提问的方式与对方互动，扩展交谈内容。例如，如果有同事说"我最近开始玩相机了"，你可以重复对方所说的内容以表达认同，如"哦？相机吗？"然后保持沉默。接下来你只需要充满期待地准备倾听对方讲述。总而言之，当你遇到自己不了解的话题时，可以尝试着附和对方的发言，做到"鹦鹉学舌"。

··· 运用 5W1H 提问法

如果对方没有在你的"鹦鹉学舌"后继续往下说，你也可以运用 5W1H 提问法主动发问。即从原因（Why）、对象（What）、地点（Where）、时间（When）、人员（Who）、方法（How）6 个方面提出问题。例如，"您是在怎样的契机之下开始玩相机的？""您是什么时候开始玩相机的？""您的相机大概多少钱？"等。之后再着重询问对方的感受。

即使对这个领域不太了解，我们也可以提出这样一些问题：

"想必您的相机一定很棒吧？"

"爱好摄影的人都是什么样的呢？"

"您的家人支持您吗？"

"鹦鹉学舌"可以让对方做出详细的讲解，我们可以一边聆听讲解一边思考扩展对话的新问题，这是一种非常有效的沟通方法。

要点

对于自己不了解的话题，我们可以扮演提问
者的角色，以"鹦鹉学舌"的方式给予对方
回应。

强调对方的优点

⋯ 充满期待地提出请求

基于学校岗位职责的划分，每一位教师可能都会遇到需要请求他人给予协助的情况。

请求他人做某事时，你可以尝试通过"强调对方优点"的方式来表达。假设你是体育组组长，必须把活动筹备负责人这样一个重要的岗位分配给他人。这时你不妨尝试跟目标候选人说："因为你总能把自己的日常工作与生活安排得井井有条，所以我才想让你来担任这样一个重要的职务……"

对方在听到这番表述后，可能会一边苦笑着一边接受请求。

除此之外，以下几种说法也同样适用于此类场景。

"只有你能够做到，其他人都不行。"

"我认为你能行，所以才拜托你的。"

"我自然而然地就想到你了。"

通过这种方法，你可以向对方传达"他很与众不同"的信息。

　　对于自尊心强的人，这种方法很有效。但是，如果反复使用，将有可能导致对方产生"你这样夸张地赞扬我，不就是想让我出力吗？"等想法。请在符合事实的情况下活用这个方法。如果在将来你有机会晋升到学校的管理岗位，这个方法也许会派上用场。例如，在物色某人做年级主任时，你可以向对方说："因为你平日里踏实稳重，所以我才想让你来做年级主任。"

要点

> 对方的优点＋请求→特别感。

扩展对话

很多人都会认为自己是世界上最重要的人，并且对自己充满兴趣。

因此，教师在与同事展开互动的过程中非常重要的一个沟通方法就是扩展对话，即扩展有关对方的话题。具体来说，可以按照以下步骤实施。

①感叹→②复述→③共鸣→④赞美→⑤提问

① 感叹

善于交谈的人可以根据对方的话题恰当且熟练地使用感叹词，仿佛是在某一句话的最后添加了 "！" "？" "♡" "……" 等表达不同情感的符号。例如，单纯一句 "是吗" 不带任何感情色彩，但 "是吗！" "是吗？" "是吗♡" "是吗……" 却可以分别表达出不同的情感。

② 复述

复述对方所说的话，如对方说："我最近特别喜欢吃咖喱。"在听到这样的话后，你也可以说："咖喱吗？听起来不错哟！"

③ 共鸣

使用接近对方情绪的表达方式，富有感情地表达自己对于对方的理解。如"我理解""的确很难""太好了""很痛苦吧""你已经尽力了"等。

④ 赞美

充满感情地赞美对方。如"你太厉害了""不愧是你"等。

⑤ 提问

为了以对方的话题为中心进一步展开互动，可以用充满好奇的口吻向对方发问："然后呢？然后呢？""后来发生了什么？""你再给我讲讲嘛。""现在已经没问题了

吗？"等。如果能在恰当的时机向对方提问，对方在讲述
的过程中也会越来越有动力。

　　但是，请注意，即使一直在叙述的是对方，而自己只
扮演听众的角色，你也要意识到自己可以控制对话的节奏，
并享有对话的主导权。

　　通过扩展对话，双方可以在相对舒适的氛围中进行对
话，这将有助于你与同事保持良好的人际关系。

要点

　扩展对方所讲的话题，而不是说自己的事情。

言简意赅地提出建议

··· 自信而坚定的态度

如果同事做错事了，作为同伴，我们必须提醒他们。

然而，你是否会因为害怕自己指出对方的问题而影响你们之间的关系就选择沉默呢？

或许你原本只是想点到为止，但实际却变成了冗长的说教。为此，你也可能会后悔自己将事情扩大化了。

处理人际关系问题时有以下3种态度：

①只为自己着想，伤害他人的自尊心。

②优先考虑他人，而不是自己。

③首先为自己着想，但是也会考虑他人。

第三种态度自信而坚定，在本书中，我会建议读者采取这种态度处理自己与同事之间的关系。

自信而坚定的态度是一种重视对方的表现。用这样的态度沟通，既可以顾及对方的感受，又可以尽量把自己的感受传达给对方；在试图表达自己观点的同时，也能够尊重对方。拥有这种不卑不亢的态度的人，心中充满了自信。这种态度不仅能让自己感觉轻松，也会给对方留下爽朗的印象。

"你之前没有按复印机上的清除键，给后面的使用者造成了不便，以后可别忘了。"

"放学时间是 15 点 45 分，我觉得最好不要给家长添麻烦，所以，还是让学生早点回去吧。"

在向同事提出建议时应尽量简短地表达要点。

要点包含 2 个方面：希望达成的目的、请你如何做。

对方也可能有自己的观点和论据，因此，我们需要在客观事实的基础上表述自己的观点。这样既不会伤害对方的自尊心，也更容易表达自己的看法。

以自信而坚定的态度与对方展开对话，你可以在尝试倾听、理解对方的同时向对方表达自己的观点和感受，这种试图相互理解的对话才是尊重彼此的沟通方式。

要点

在指出对方存在的问题时，采取自信而坚定的态度。

指出问题时的3种态度

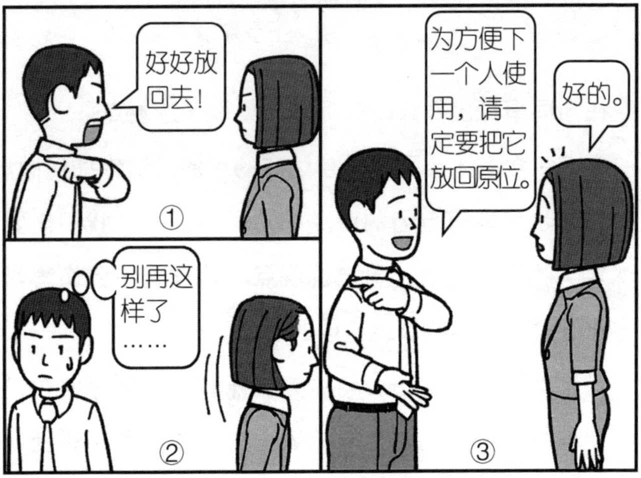

先概括后具体描述

⋯ 首先进行整体概括

Before（以前）

（在员工大会上）

👤 教师 A：我有一个问题要讲。前几天，学生 B 的家长
　　　　　来过学校。那位家长表示，学生 A 把自行车
　　　　　带出了学校，希望就学生 A 的处理情况进行
　　　　　沟通。学校已经明确告诉学生 A，如果那辆
　　　　　自行车不是自己的，应该将车放在学校。然
　　　　　而，那位家长却要求让警方介入调查……

👤 教师 B：（你究竟想要说什么？）

教师有时需要向年级主任、校领导等报告工作中出现
的问题，有时还要向学校的所有教职人员做汇报。

但这并不意味着我们只需要按照"报告、联系、商量"
的流程盲目地推进就可以了。在讲述一件事时，如果从细

节开始描述，对方可能无法领会讲话人的意图而感到一头雾水。

这时，教师应该严格遵循总分式的基本原则。也就是说，在汇报时应首先简要描述整件事的情况，然后再详细说明细节。例如，报纸上的文章一般会在副标题中体现全文的主要思想，继而在正文中进行详细阐述，以便读者快速把握文章主旨，这就是总分式的典型应用案例。

After（之后）

教师 A：上周四，学生 A 因有自行车盗窃嫌疑而被警方约谈，下面我将就该事件做报告。周四放学后，学生 B 的家长来到学校。后来……

教师 B：（我明白了，这位老师说的是学生被调查的那件事情。）

要点

先概括，后具体。

问候语 + 其他

··· 先打招呼再讲其他

向他人打招呼，这是每一个步入社会的人都要遵守的礼仪规范。

打招呼的对象可能包括朋友、与自己有业务往来的人、擦肩而过的面孔熟悉的人、初次见面的人等各种各样的人。我们都需要给予对方真诚的问候，在早上见面时说"早上好"，在下班时说"您辛苦了"。

通过彼此问候，人与人之间将有机会展开进一步的沟通，但要注意的是，问候只是开启沟通的契机。换句话说，问候并不等同于沟通。

普通的问候能否发展为沟通取决于双方之后所采取的行动。假设你早上上班后与邻座的教师打招呼，首先要说"早上好"。简单问候之后就到了决定双方能否进一步深入沟通的关键时刻。除了问候，你可以结合当时的情境开启另外一个小话题。例如，你可以用天气作引子，轻松地说一句"今天真的很热"，使双方很自然地打破尴尬的状态并顺利开启谈话。不仅是天气，你也可以将自己碰巧看到的事物作为话题。

　　例如，像这样展开对话：

　　A：你的自行车好时尚啊！

　　B：是啊，我最近在减肥，现在骑车上下班。

　　A：嗯，这样锻炼一下挺好的，我想我也应该骑自行车上下班。

　　B：可以呀，如果你想骑车，可以买某某品牌的车，那个牌子不错。

　　A：是吗？是不是很贵啊？

　　B：嗯，没错，是有点贵……大概要 20 万日元左右。

　　A：啊？！这对我来说太贵了，经济条件不允许啊。

　　通过以上的互动，原本简单的问候变成了一次很好的交谈。只需在问候之后加上几句，就时间而言大约只要 10~20 秒。

　　但是这样的几句话可以让对话双方的情感发生变化，关系也更为融洽。你也许会因此而不禁感叹："对那位老师感觉还不错。"

💬 关注对方的变化

如何才能在简单的问候之后恰如其分地开启话题呢？具体来说，你可以多关注对方的衣着、发型、随身携带的物品等方面的变化，尝试将其当作话题。例如，如果对方的发型发生了变化，你可以说："你剪头发了吗？是想改变形象吗？"（注意不要让对方误认为是性骚扰。）如果对方打印的材料是班级周刊，你可以向对方询问："班级周刊现在已经到第几期了？"或者询问对方"你的这件衣服是从哪里买的？"之类的，从对方身上找到话题。

许多人都会因为他人对自己感兴趣而心情愉悦，并且微笑着给予回应。虽然只是随意聊天，但通过积累，这将有助于构筑日后双方之间的信赖关系。

与那些只是简单打招呼的人相比，你只需在问候之后结合情境开启新的话题，即便这种问候之后的简单沟通看似微不足道，但也有助于自然而然地改善人际关系。短短的几句话，却对人际关系的构建有着重要的意义。

要点

问候＋有关对方变化的一句话。

转述某人说过的赞美之词

···) 转述学生的赞美之词

对于教师来说，赞美其他教师是很困难的一件事。如果直接赞美对方"您的课很有趣"，难免会给人留下刻意、恭维的印象。

此外，不愿阿谀奉承的人在表达对他人的赞美时，可能会略显生涩，甚至还会让人觉得言语之中暗含讽刺的意味。

但如果只是转述从学生那里听到的话，似乎就不太会让人产生误解了。绝大多数教师都十分在意学生对自己的评价。所以，"班上的 A 同学说您的课很有趣"是更加自然的表达。

换句话说就是尝试间接赞美。对于正面话题来说，通过"某人曾发表过某言论"的方式所传达的转述信息往往更加可信，而且也不会使人产生直接赞美时的不自然感。善于沟通的人会借用自己之前听到的话作为聊天的话题。

要想做到间接赞美，你可以尝试在见到某教师班上的学生时询问"你觉得 A 老师的课怎么样？""课堂状态如何？"等，向学生了解某教师在他们心目中的形象。

要点

采用"学生说过……"的方式称赞其他教师。

遇到咨询时要倾听

·· 做一个优秀的倾听者

工作中，同事有时可能有事找你商量。此时，最重要的是你要保持倾听。

同事向你咨询的问题可能涉及学生的升学、学生的未来、人际关系等。在这种情况下，你需要先给予对方安心感。而给予安心感的最主要方法就是绝对不否定对方。作为教师，我们可能喜欢教导人，在不经意间做出评论。而此时我们要以倾听者的姿态听完对方的讲述。

我们需要贯彻 2 个要点：绝对不否定对方、完整倾听。这样我们就会给人以安心感。相比获得新的建议，人们更希望向倾听者吐露心声。

·· 杯子理论

为了更加通俗易懂，我将通过杯子理论来阐释倾听的重要性。

当有人来找我们商量时，他就像一个装满水的杯子，对方能否接受我们的建议取决于对方杯子的容量。倾诉和建议分别是排水和注水的过程。当杯子装满水时，即使我们努力地向杯中注水，最终也只会因为杯子容量不足而溢出。

这时，倾听对方是减少杯中水量的一种有效方式，听得越多，杯子里的水就会减少得越多，而我们的建议也就有了被接纳的空间。

在提出自己的建议前，我们可以问对方："还有什么想要说的吗？"这样做可以向对方表明自己愿意倾听。

在被他人当作咨询对象时，我们需要将"绝对不否定对方 + 完整倾听"作为一套完整的程序来执行。

要点

绝对不否定对方、完整倾听。

专栏 三

同事之间的关系

我认为教师有必要在学生面前注意自己与其他教师之间的互动方式。即使私下相交甚好，教师在学生面前也要注意自己的表达方式，尽量不要说"太郎，把这个带上"或"嘿，山崎，是你说要这么做的吧"之类的话。这很容易让学生感受到教师之间的等级关系。

如果让学生感觉到自己班的老师比其他班的老师地位低，将可能会影响到班级的管理。因此，无论教师之间私下关系如何，都应在学生面前表现出平等的关系。

教师之间一定要相互称呼对方为"某某老师"，互谦互敬。在习惯这种互动方式之前，我们有可能会经常说错话，但是一旦习惯，很快就能自然地表达了。

教师从事着教育学生的工作，因此尽量不要让学生感觉到人与人之间的不公平。所以，在学生面前我们应该多注意同事间的互动方式。

第 5 章

与家长沟通的方法

在家长会上披露自己

💬 谈话开始后的 1~4 分钟起决定性作用

谈话的质量会影响人们对谈话对象的印象。那么对于谈话对象的评价通常会在多长时间后形成呢？

有研究结果表明，评价是在谈话开始后的 1~4 分钟内形成的。

也就是说，人们会在谈话开始后的 1~4 分钟内形成对于谈话对象的诸如"可靠""不可靠""喜欢""不喜欢"等初步评价。

教师通常需要在家长会上与家长进行沟通。此时，教师能否在短暂的时间内给家长留下好印象，将直接影响到双方今后的关系。对教师而言，最关键的时间就是家长会开始后的 1~4 分钟。教师可以利用这段时间向家长披露自己，但千万不要吹嘘自己，而是要阐述自身的不足。

当教师自诩优秀时，不仅听起来像是吹嘘，而且往往会令家长反感。所以，不如利用这段时间向家长"坦白"自身存在的问题。讲述自己的失败经历就是缓和气氛的最佳工具。

　　教师在家长会上需要面对很多家长，有时甚至会紧张到感觉空气都已经凝固了。

　　在这种情况下，教师可以尝试披露自己身上存在的不足。例如：

　　"我方向感不太好，来这所学校已经一个月了，到现在还经常迷路……"

　　"当我还是学生的时候，因为从事田径运动，所以特别瘦。但是现在，正如你们所看到的，我的体重直线上升。"

　　教师只需要这样看似随意地说一句就能有效缓解紧张的气氛。

　　每个人都会在生活中经历失败，并因此感到沮丧。我们可以收集一些这样的经历编成列表，并把它们当作与家长沟通的素材而灵活运用。

　　结合自己的性格，教师可以在披露自己的过程中表述一些与自身的外在状态存在极大反差的内容，这将更容易吸引家长的注意。例如，如果你的体形偏胖，则可以对家长说："学生在打饭时总是给我盛很多饭，这给饭量小的我造成了很大的困扰。"如果你看起来比较外向，则可以对家长说："假期时，其实我最喜欢在图书馆静静地看小说。"

　　但是，切忌在家长面前呈现出消极、负面的反差。例如，"虽然我外表看起来严肃认真，但实际却是一个随意敷衍的人。"

还要注意的是不要用时过久，将时间控制在 1 分钟以内为宜。

> **要点**
>
> 从讲述自己的小失败开始，引起家长的注意。

调整讲话的音调

⋯⋯ 尝试提高音调

　　与家长沟通时，教师需要注意调整讲话的音调。在平时我们很容易忽视这个问题，但要记住的是为了使自己听上去更善于交际，请尽量提高音调。低音会增强表述内容的可靠性，但同时也会给人一种压抑、阴暗、难以接近的印象。

　　如果试着在保持低音的情况下大喊，你会发现这很难实现。如果把低音用在两人之间的对话中还好，一旦用在家长会上，低沉的声音很难让每一个家长都听得清楚，教师也会在声音的影响下成为家长眼中难以相处的人。换句话说，在面向群体的发言中不适合使用低音。此外，音调越高，传播的距离就越远，所以在发言中请尽量提高音调。

　　那么，多高的音调才算恰到好处呢？我们可以参考以下指标。请试着哼唱音阶"哆来咪发唆拉西哆"。当然，你不必纠结音准的问题，按照自己的方式哼唱即可。大多数人在发出"哆来咪"的部分时使用的是真声，你可以尝试再发出"发"的声音，就能找到适合自己的比较高的音调了。然后，尽量保持用"发"的音高来讲话。此外，为了配合音调的升高，我们还需要调整讲话的节奏。

让我们来调整自己在讲话时的音调和节奏吧。

要点

尝试用"发"的音调开始讲话。

调整音调

确定单独谈话的固定模式

⋯ 按照 7 个步骤进行

有时教师会有这样的困惑:"与家长单独谈话时该说些什么呢?"对于不擅长沟通的教师来说,单独谈话更是一个难题,很容易就落入无话可说的困境。

我推荐按照以下 7 个步骤进行单独谈话。当然教师并不一定要完全按照这些步骤执行,只需大体一致,使得沟通有明确、固定的内容,就能确保单独谈话进行得更加顺利。

基本步骤如下:

---

①问候→②学生在学校的状态→③提问→
④成绩→⑤注意事项→⑥令家长困惑的问题
→⑦感谢

---

① 问候

"家长您好,感谢您今天抽时间来和我单独聊聊,请坐。"

② 学生在学校的状态

"下面，我想跟您聊一下有关 A 同学的情况。在……学期里，他很努力。例如，在……学科方面，他做出了……样的努力。在班级工作方面，他担任……岗位，做了……工作。看到他这样的状态，就连他的朋友也都做出了……评价，我也认为 A 同学很……"

③ 提问

模式 1："你们在家里也会谈论学校的事情吗？"

模式 2："他以前一直都这么努力吗？"

模式 3："你们会在家里做什么特别的事情吗？"

④ 成绩

"下面，让我们来看一下他的成绩。成绩方面，他比较理想的是 A 学科。但是，B 学科还需要再加一把劲。学校也会更多地关注 A 同学在学习方面的情况。另外，如果您有时间，也希望您能够给予 A 同学一些辅导。"

⑤ 注意事项

"A 同学已经很……，但如果一定要找出需要注意的问题的话，那就是……问题。今后，我们也会着重关注……问题，最大限度地帮助他成长。"

⑥ 令家长困惑的问题

"我要说的就是这些，您有什么问题吗？好的，我知道了。如果您有任何问题，可以写在联络簿上随时与我们联系。"

⑦ 感谢

"学校会继续努力，让 A 同学变得更加优秀。另外，感谢您在……学期中的理解与配合，今后我们共同努力。（站起来。）今天真是谢谢您了，回家路上请注意安全。"

基础的固定模式大致如此。你可以结合实际情况从中选择合适的内容，这样就无须担心出现不知道接下来要说些什么的情况了。

此外，如果在谈话之初就谈及学生的缺点，可能会影响家长的心情，就算教师在这之后表扬学生也容易被家长忽视。因此要先讲优点，最后再补充需要改进的事项。

另外，教师还需要向家长传达自己作为教育专业人士的看法。如：从发展阶段的角度出发对学生的情况进行分析；将学生与同年级其他的学生做对比分析；与过去的学生做对比分析等。尤其是②和⑤这 2 个步骤，如果教师能谈一谈自己的观点，就会使单独谈话更有意义。

要点

先确定固定模式，再对内容加以延伸。

快速提升好感度的举止

⟨…⟩ 表现得好像双方关系十分亲近一样

想要为学生提供好的教育，教师与家长需要密切配合，而召开家长会是教师与家长构建良好关系的必要方式。

教师在平日里很少有机会与家长进行面对面的互动。即便如此，也有方法可以让教师在极短的时间内与家长建立起较为亲近的关系，那就是教师要表现得好像已经与家长建立起了亲近的关系。你可以将家长想象成自己已经结识多年的朋友，这样你的肢体语言和说话方式就会自然而然地发生变化。如果对方也不自觉地给予了同样的回应，你就会感到与家长的关系更进了一步。

教师的态度改变了，教师与家长的关系就会随之改变，但是不要过度。有时家长很清楚自己只是与教师见过几次，表现得过于亲近也有可能会让家长感到不自然。如果家长表现出困惑，我们最好停止过于亲近的举止。那么，这个度如何把握呢？我们可以把家长想象成经常一起喝茶的朋友。这种程度的关系恰到好处，家长也可以放松地与教师进行沟通。

> **要点**
>
> 把家长当作经常一起喝茶的朋友一样进行沟通。

请教式的提问方式

··· 通过请教获取信息

可以用提问的方式扩展与家长的对话。在这里，我有一个推荐的问题："您做了什么特别的指导吗？"

"他的字写得很好，您让孩子做了什么特别的练习吗？"
"他的运动神经很发达，您对孩子做了什么特别的训练吗？"

另一个推荐的问题："您究竟是如何做到……的呢？"

"您究竟是如何培养出如此细心的孩子的呢？"
"您究竟是如何培养出如此多才多艺的孩子的呢？"

当家长比教师年长时，这种请教式的提问方式尤其有效。

教师可以再加上一句"我的孩子年纪稍微小一点，很想听听您的见解"，或者"我想将来有自己的孩子时用作参考"之类的理由。如果以这种方式提问，家长通常也会热情地回应"也许是因为我在孩子小时候就经常读书给他听……"之类的。以此为契机，双方的交谈内容也很容易得到扩展。

当然，教师也可以通过这种方式获取自己平时难以了解的信息。例如，学生在日常生活中付出的努力以及家庭的支持与配合等。

此类问题通常基于教师自己的想法，所以比较易于展开。不过正是因为如此，有时会使问题显得太唐突。为了避免问题过于唐突而导致双方陷入尴尬，在提问之前教师也可以做一些铺垫。例如，"我可以冒昧地问一下吗？"或"我有件事想要问您，不知您是否介意？"这样会显得更加礼貌。

我们要善于发现家长所期待的、感兴趣的点。例如，当我们谈到学生的优点时，家长会面露喜色。我们需要观察当说出某些关键词时家长的表情。让我们多去挖掘学生隐藏的优点及特点，向家长请教吧。

要点

赞美长处并提出问题，以此获取信息。

用请教式的提问获取信息

随声附和也要富于变化

··· 通过随声附和使对话活跃起来

让我们来一起思考一下，如何才能做一个好的倾听者。

对于扩展谈话来说，找到好的倾听方式非常重要。教师应学会在家长说话时恰到好处地随声附和。

当然，附和也要富于变化，而不要局限于固定的语句。

"啊……""唉……""是的、是的""嗯"等都是附和对方的基础表达方式。

除此之外，还可以说：

"真不愧是……"

"之前还没有听说过呢！"

"太棒了！"

"您的判断力很敏锐！"

"这很了不起！"

此外，还可以在附和的同时再加上一句。成功扩展谈话内容的关键是像做联想游戏一样不断增加新的内容。思考应该如何回应对方的话，是转换话题还是进一步深入讨论。

"原来如此，孩子学习了什么特长呢？"

"那太棒了，孩子从小就一直在学吗？"

"正因为您有这样的教育理念，所以才培养出了如此优秀的孩子，真是让我受益匪浅。"

通过这样的附和可以表现出对于对方的认同，并且让对方感到我们深受启发。

要点

通过恰到好处的附和确保单独谈话顺利推进。

谈话后做笔记

··· 用笔记为下一次谈话做准备

作为家长，如果你在单独谈话时被问到"上次针对这个问题与您进行了沟通，之后怎么样了"，你会感觉如何呢？

虽然是几个月前的谈话内容，但如果教师仍旧记忆犹新，家长也会感到很安心。当然，教师可能也记不清当时谈话的全部内容了，但只要记得大概的问题就足以让家长感到宽慰了。

教师不必记住谈话的所有内容，只要记住双方讨论的焦点和一些印象深刻的话就足够了。

为了提高单独谈话的质量，做笔记是个好方法。在与家长沟通后，记录通过谈话所了解到的内容。

在大多数情况下，即使一次谈话可以成功拉近双方的距离，但再见面时可能一切又回到了原点，双方依旧需要重新构建关系。

为了避免这种情况，教师需要记住一些便于进一步拉近双方关系的信息。笔记就是最好的助手。

通过做笔记，让单独谈话更具连续性。

从上一次的话题入手

您还记得这件事啊！

上次，您说孩子很晚才开始写作业，在那之后，孩子表现怎么样呢？

将文字信息中的情感放大 1.5 倍

··· 文字难以传达全部的情感

文字信息是教师与家长进行沟通的主要形式。虽然现在又出现了许多新型沟通渠道，但教师主要还是以文字的形式与家长沟通。

通过文字传达信息时，教师可以略微夸张一些，原因在于文字很难直接表达情感。例如，当教师想要告知家长学生很努力时，如果仅仅用"我被这位学生感动了"并不能表达出自己内心强烈的情感。但是，如果写成"我被感动到几乎要落泪了"，家长就能体会到教师的感受了。

道歉时，接受道歉的一方会因为"对不起"这种过于简单的表达方式而感到对方十分冷漠。但是，如果改为"给您带来不便，我真的很抱歉……"就足以让对方感受到诚意。

用文字表达情感时可以略微夸张一些，因为情感一旦被文字化就会稍显冰冷。所以，当我们用文字表达喜悦或道歉时，可以将情感放大 1.5 倍。

要点

用文字表达时将情感放大 1.5 倍。

将情感放大1.5倍

〇 啊！

今天 A 同学主动举手挑战了一道难题！他身边的朋友也夸他好厉害！

✕ 嗯……

Ａ 同学今天努力举手回答问题了。

保持步调一致

(...) 把握家长的节奏并与其保持一致

如果教师和家长之间存在共同点，就可以很快消除距离感。即使二者之间实际并没有密切的关系，也会因为某些共同点而萌发出亲近感。例如，教师家里有一个男孩，可以在与男生家长的交流中说"我家也是男孩，养男孩真的很不容易"，以此拉近与家长的距离。在同为男孩的家长这一共同点的支撑下，教师和家长更容易成为朋友。如果我们无法找到共同点，可以创造一些共同点。

你是否有过这样的经历：看到其他人打哈欠，自己也会不自觉地打哈欠？在朋友的婚礼上看到新娘哭泣，自己也会流眼泪……

研究表明，这是由于大脑中被称为镜像神经元的神经细胞在发挥作用。镜像神经元可以让我们在看到他人的行为后做出同样的举动，是"具有同理心"的神经细胞。

那么，教师如何才能创造出与家长之间的共同点呢？这就要使用一种被称为呼应的方法。具体来说，呼应是一种有意识地让自己的说话方式和肢体语言与对方保持一致的沟通方法。例如，家长的语速很快，教师也可以相应地加快自己的语速；家长语速缓慢，教师也可以放慢语速与家长呼应。家长难过，教师也表现出难过；家长开心，教师也表现出开心。家长很有逻辑，教师也应该尽量使谈话逻辑清晰。

通常情况下，人们都很乐意和与自己有相同感受的人交谈。教师需要在倾听家长讲述的同时把握家长的语速、语调以及音量。但呼应不仅仅是模仿对方的说话方式，还应营造出舒适的氛围，让对方可以安心地与自己交谈。

要点

找到共同点，如果没有就主动创造。

保持步调一致，创造共同点

制作电话脚本

　　教师在给家长打电话时应尽量准备好脚本。对于电话这种沟通方式来说，主动打电话的一方有着绝对的优势，因为可以依照脚本与对方进行沟通。

　　对于一些难以与家长当面沟通的问题，可以通过打电话来解决。我们可以事先制订一个详细的通话方案。以图表的形式落实到书面上。

　　正所谓有备无患，我们应该充分利用打电话这一有效的沟通途径。

要点

　　在给家长打电话前制作电话脚本。

毫不隐瞒地
说出自己内在的弱点

　　每个人的思想状况都不一样，经历也各不相同，可内心深处却有一个共同之处，那便是在得知他人的不幸后会沉溺于强烈的自我优越感之中。同样，基于对优越感的追求，有关他人的不幸的话题在教师之间也会掀起讨论的热潮。

　　人非圣贤，任何人都无法完全杜绝他人的恶言冷语。但是，如本书所述，在背后说他人坏话是我们绝对应该避免的。所以，我们不妨尝试在交流中聊一聊自己的不幸吧！

　　我所说的不幸主要是指发生在自己身上的难以启齿的失败或自己的弱点。如果我们能够坦诚地谈论自己的弱点，反而可以战胜羞耻感。有人会觉得直接谈论自己的弱点会遭人蔑视。的确，最好不要向对方传达自己明显的外在的弱点，如"我的皮肤粗糙得可怕""我正在为头发稀少而苦恼"等。否则，对方也会因为不知如何回应而烦恼，也只能随口附和："哦，是吗……"

相反，向他人传达自己内在的弱点有助于提升好感，如"我特别健忘""我比较慢热"等。

其实，人人都有弱点，如果可以从这些所谓的弱点中走出来，勇于把它们变成与人交谈的话题，你便会与自己和解。参与交流的各方在自我调侃中能产生共鸣，关系也将愈加亲近。相较于围绕成功经历展开的交流，围绕弱点的交流更容易拉近人与人之间的距离。

此外，通过自我揭示，我们可以摆脱内心的恐惧，也可以让周围的人更加了解我们。有些人可能会给我们提出一些建议，告诉我们如何避免失败，这会让我们变得愈加强大。这样说来，勇于揭示自己内在的弱点似乎有得无失。

第 6 章

重新审视教师的自我状态

教师的性格特征

··· 了解自己作为教师的性格特征

　　世界上有各种各样的教师。有像军人一样严厉的教师，也有像护士一样温柔的教师，还有像喜剧演员一样幽默的教师。人各不同，你是什么类型的教师呢？和蔼还是严厉？我们每个人似乎都能很好地把握其他教师的特点，会评价说"那个人有点过于和蔼了""他是个严厉的老师"等。

　　但是，当我们进行自我审视时却无法判断自己究竟是和蔼、严厉还是有趣。孙子曰："知己知彼，百战不殆。"要想与他人进行有效的沟通，首先要了解自己。审视自己并了解自己对班级、学生所产生的影响将有助于我们探索更加理想的沟通方式。

　　下面，让我们根据交流分析理论中有关自我状态的观点来分析自己作为一名教师的性格特征。自我状态量表通常被用于性格分析，是一种基于交流分析理论的十分简单的心理分析法，非常适合用于人们对自己性格和行为模式的分析。

　　自我状态量表于 19 世纪 60 年代后半期由九州大学

心理学系引入日本，此后一直被应用于医学、教育以及商业等涉及人际关系的各个领域。自我状态量表可以帮助我们客观地评价自己的语言和行为。利用这种方式教师可以像评判他人一样，判断自己的性格究竟是顽固、热心还是任性……

　　分析自己真实的性格将有助于我们构建更良好的人际关系。这样的分析不必大费周折，通过量表可以一目了然，让我们发现自己性格中存在的优点和缺点。

要点

通过自我状态量表来分析性格特征。

人的 5 种自我状态

从反应看教师的性格

现在就来让我们分析一下你作为教师的性格吧。设想在一次考试中，你发现有学生在试卷上涂鸦。在这种情况下你会怎么想？请在以下选项中选择最接近自己想法的一项。

**你会如何看待
学生的涂鸦？**

①在试卷上乱涂乱画，太不像话了！

②这孩子一定是太累了，到底要不要紧啊……

③这孩子涂鸦的目的是什么？

④这幅画还挺可爱的！这么说来，我小时候也经常这样涂鸦呢！

⑤这孩子有暴力倾向，我实在是不愿意管他……就这样吧……

你会做出哪一种反应呢？事实上，你的反应代表了你的性格中最重要、最核心的组成部分。

交流分析理论中有一个概念叫作自我状态，简单地说，它代表了人的思维倾向、性格和感受。这一理论认为每个人都有 3 种自我状态，包括父母型、成人型以及儿童型。本书在此基础上又将其细分为 5 种自我状态：父性（CP）、母性（NP）、成人性（A）、自由的儿童性（FC）和顺从的儿童性（AC）。

如此说来，每个人的心中都有"5 个自我"，它们的相互作用形成了人的性格。而作为一名教师，需要突出表现其中的某些自我状态。

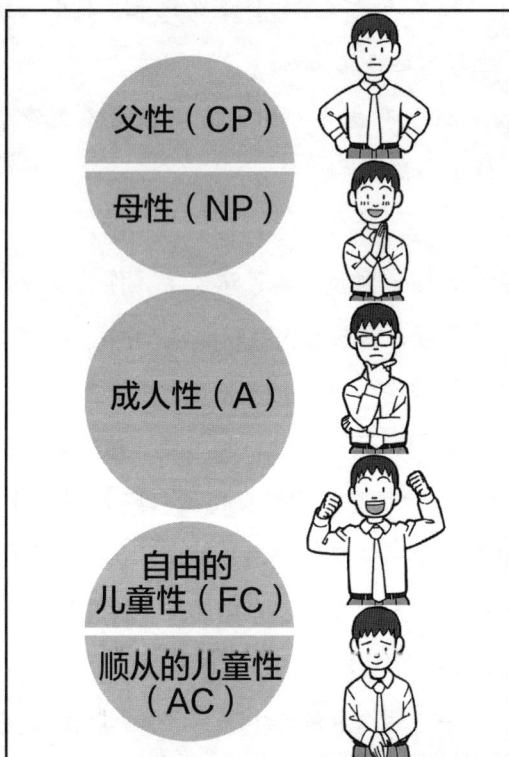

5种自我状态

父性（CP）

母性（NP）

成人性（A）

自由的
儿童性（FC）

顺从的儿童性
（AC）

(···) 对 5 种自我状态的解读

上文中列出的教师的 5 种反应其实分别代表了一种较为突出的自我状态。下面，我将逐个分析。

①在试卷上乱涂乱画，太不像话了！

这种反应是父性的体现，其特点是严厉。形象地讲，这种自我状态过于突出的人就像是顽固老头。

父性的体现有助于教师引领班级，对凝聚人心至关重要。事实上，即使是父性并不明显的教师在担任年级主任、教务或学校管理岗后，这种自我状态也有可能会愈加突出。这就是父性起作用的结果，也恰好印证了工作造就性格的观点。

父性
（严厉）

在试卷上乱涂乱画，太不像话了！

②这孩子一定是太累了，到底要不要紧啊……

这种反应体现了温柔的母性。这种自我状态较为突出的人就像是爱照顾人的阿姨，有照顾别人的强烈欲望。他们看到学生有困难时就会充满善意地想为学生做点什么。母性有助于我们与他人沟通、了解对方，在构建与学生、同事以及家长的和谐关系时不可或缺。但是，正因为距离感的缺失，学生可能会利用教师的善意而变得任性，甚至引发麻烦。

母性
（温柔）

要不要紧啊……

③这孩子涂鸦的目的是什么？

这种反应是成人性较为突出的体现。这是脱离情感的纯粹理性状态，表现为冷静沉着，像计算机一样。成人性突出的人富有理性，可以充分发挥自己的力量。他们总能以冷静、客观的态度看待事物。因此，适合从事会议主持等注重细节和准确性的工作。但是由于缺乏情感表达，成人性突出的人会给他人留下冷漠的印象，人们更愿意与其谈论工作而非生活。

④这幅画还挺可爱的！这么说来，我小时候也经常这样涂鸦呢！

这种反应代表此人自由的儿童性较为突出，呈现出的是像自由奔放的儿童一样的状态。自由的儿童性表现突出的人具有能够直率地表达自身情绪和欲望的特点。这是他们的长处，但同时也是短处。自由的儿童性体现的是原本每个人都拥有的单纯童心。它是表现人性、个性发展以及快乐生活所必不可少的自我状态。它还有助于激发我们的想象力和创意。因此，这类教师可以在休息时间很好地调动学生的情绪。当然，在校园之外，我们不难发现职场中总有善于活跃气氛的人，宴会上也常常有大受追捧的人，而这些人恰恰很好地体现出了自由的儿童性。

自由的儿童性
（活泼）

我以前也经常涂鸦呢！

⑤**这孩子有暴力倾向，我实在是不愿意管他……就这样吧……**

这种反应代表此人顺从的儿童性较为突出。即使与自由的儿童性同属儿童型的自我状态，相比之下，顺从的儿童性突出的人表现得更像是听话的乖孩子。这种人的最大优势是合作能力强，他们能保持人际关系的和谐。然而，这种自我状态过于突出的人往往会表现出过度依赖他人的缺点。有时反而会因为顾虑过多，导致关系紧张。他们在与人交往时可能会感到压力很大，从而更容易罹患自律神经失调等疾病。

事实上，每个人都同时具备这 5 种自我状态，只是某些自我状态会表现得更加突出，从而影响了我们的言行。

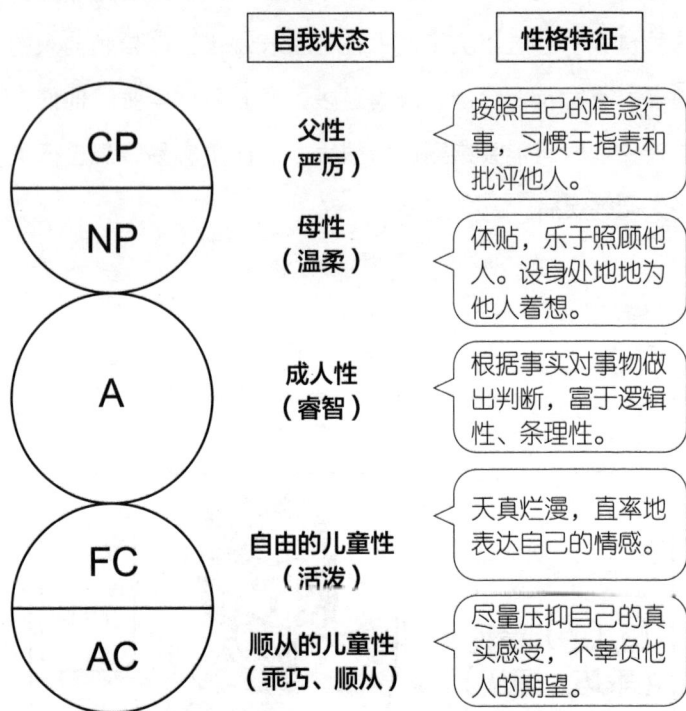

自我状态	性格特征

CP	父性（严厉）	按照自己的信念行事，习惯于指责和批评他人。
NP	母性（温柔）	体贴，乐于照顾他人。设身处地地为他人着想。
A	成人性（睿智）	根据事实对事物做出判断，富于逻辑性、条理性。
FC	自由的儿童性（活泼）	天真烂漫，直率地表达自己的情感。
AC	顺从的儿童性（乖巧、顺从）	尽量压抑自己的真实感受，不辜负他人的期望。

教师的自我状态量表

··· 参与测评

下面，我将通过自我状态量表来具体阐述 5 种自我状态之间的平衡关系。它以图表的形式显示了人们内心"五口之家"中各个成员的活跃程度。它可以让我们更客观地了解自己，以便把握 5 种自我状态的平衡。

测评的方法多种多样。在这里，我将尝试通过测评问卷帮助各位读者进行判定。首先请回答如下问题，在与自己相符的描述旁边画〇，不相符的画 ×，不确定的画△。注意要尽量根据直觉来回答，不要考虑过多。

自我状态量表 · 测评问卷

> **A 组**
>
> 1. 明确地对错误做出否定评判。
> 2. 不喜欢不遵守规则的行为。
> 3. 遵守规则和章程。
> 4. 习惯指责自己和他人。
> 5. 抱有"应该做……""必须做……"的想法。

6. 只要是自己决定的事，一定坚持到底。

7. 如果在截止日期前不归还借来的物品会很在意。

8. 从不违背诺言。

9. 不对不正当行为妥协。

10.绝不原谅不负责任的人。

B 组

1. 富有同情心。

2. 善于表扬学生。

3. 善于倾听。

4. 考虑他人的感受。

5. 即便微不足道也希望可以给予他人馈赠。

6. 以宽容之心接受他人的失败。

7. 喜欢照顾他人。

8. 热情地问候他人。

9. 当他人遇到困难时会尽力给予帮助。

10.爱护孩子与后辈。

C 组

1. 对任何事物都会重新思考什么是核心问题。

2. 在分析事物时基于事实进行思考。

3. 善于思考"为什么"。

4. 相较于情感而言，更注重逻辑。

5. 对报纸上刊登的社会新闻感兴趣。

6. 预测结果并做好准备。

7. 冷静地判断事物。

8. 遇到不懂的问题时钻研到底。

9. 记录工作、生活的计划。

10.能够客观地思考"如果是别人的话会怎样做"。

D 组

1. 有很多想要尝试的事情。

2. 善于转换情绪。

3. 时常微笑。

4. 好奇心旺盛。

5. 积极看待事物。

6. 有顽皮的一面。

7. 喜欢新鲜事物。

8. 喜欢幻想将来以及快乐的事情。

9. 兴趣广泛。

10.经常使用"好厉害""哇"等表达方式。

E 组

1. 在乎他人的感受，会主动迎合他人。

2. 会躲在他人身后，而不是主动冲在前面。

3. 经常后悔。

4. 会察言观色。

5. 即使有不满也不会说出口。

6. 希望给他人留下好印象。

7. 具有合作意识。

8. 容易产生顾虑。

9. 容易被他人的意见所左右。

10.即使自己没错也会立刻道歉。

那么让我们来计算一下分数！〇是 2 分，△是 1 分，× 是 0 分。A 组代表父性，B 组代表母性，C 组代表成人性，D 组代表自由的儿童性，E 组代表顺从的儿童性。

请将分数填写在表格中，用圆点做出标记，再用线将圆点连接起来。至此，你的自我状态量表就完成了。

综合评分

严格、 主导 父性（CP）	体贴、 关怀他人 母性（NP）	理性、 高效 成人性（A）	无拘无束、 行动力强 自由的 儿童性（FC）	乖孩子、 自我压制 顺从的 儿童性（AC）

20	20
19	19
18	18
17	17
16	16
15	15
14	14
13	13
12	12
11	11
10	10
9	9
8	8
7	7
6	6
5	5
4	4
3	3
2	2
1	1

| 友好、
不批判 | 冷淡、容
易感到寂寞 | 非理性、
没有计划性 | 消极、
封闭的 | 顽固、
倔强 |

通过自我状态量表了解优缺点

···· 观察最高点和最低点

　　你的自我状态量表呈现出了怎样的形态呢？它反映出了你的性格特征和行为模式。但是，我们并不能通过曲线判断一个人的性格是否优秀，你也不必过于在意每一项的评分结果。自我状态量表中所呈现出的曲线不仅因人而异，即便是同一个人在不同年龄、不同生活境遇、不同立场下的结果也会有所变化。因此，它仅仅是帮助我们了解自己目前的心理状态的辅助工具而已。

　　其中，最值得我们关注的是曲线的最高点和最低点，我们的优点和缺点就隐藏其中。曲线的最高点显示了测评者性格中最强的自我状态。一般来说，自我状态量表中最高点的自我状态反映了一个人对于某事物的最初反应。而这个反应有时会直接体现在行动中。例如，如果一个人的父性很突出，那么他就会总是对他人的行为持批判态度。这也许是领导力的体现，但也可能会让人望而生畏。

　　此外，自我状态量表曲线中的最低点代表测评者最不活跃的自我状态。这种自我状态也很难体现在即时的行动中。例如，即使有孩子遇到麻烦，缺乏母性的人也不太可能向其伸出援手。除此之外，他们也不善于赞美他人的长处。下面，让我们来看一看教师在每种自我状态的最高点和最低点有何具体表现吧！

父性（CP）

高：对学生和后辈要求十分严格，绝不允许他人犯错。

低：宽容待人，不去追究责任，不是完美主义者。

母性（NP）

高：喜欢照顾别人，有强烈的同理心，善于安慰、鼓励他人。

低：对于同情他人、照顾他人有抵触情绪，对学生不够体贴。

成人性（A）

高：会花时间观察和分析当前的情况，参考他人的建议而冷静地做出决定。

低：被学生的意见所左右，行动欠考虑，做决定时不够冷静。

自由的儿童性（FC）

高：可以自由地表现喜怒哀乐，说话直接，为人直率。

低：不会表达自己的感受，顾虑过多，安静稳重。

顺从的儿童性（AC）

高：太在意他人的言论，即便为难也会尽量满足他人的期望。

低：有着相信自己的存在价值的自信，为人处世不以牺牲自己为代价。

自我状态量表和教师的类型

⋯ 通过自我状态量表的曲线了解教师的类型

　　将形态千差万别的曲线汇总归纳，最终可以得到几种典型的类型。有些类型是受到极具特点的生活习惯的影响而形成的。

　　你的自我状态量表看起来更像下文中的哪一种类型呢？有人可能会说："我的测评结果跟这幅图完全一致！"下面，让我们分别看一看我总结出的 7 种教师的类型及其特点吧。

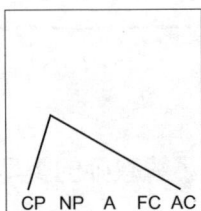

① "倒V" 型

② "M" 型

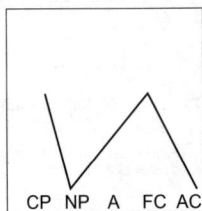

③ "倒N" 型

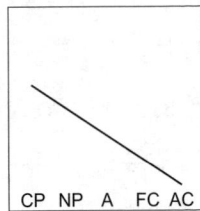

④ "右下斜线" 型

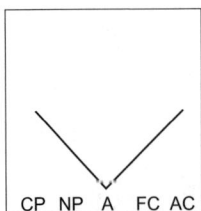

⑤ "V" 型

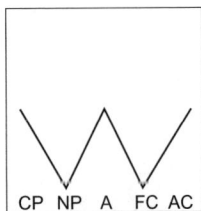

⑥ "W" 型

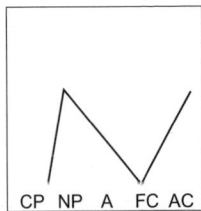

⑦ "N" 型

① "倒 V"型——温厚型教师

"倒 V"型教师通常可以保持各种自我状态的平衡，能够给予自己和他人积极的评价。这类教师直率而积极，因此几乎不会与学生、同事以及家长发生纠纷。

因为其母性表现突出，所以这类教师可以平静而温和地包容学生。曲线越平缓，则状态越理想。如果曲线的夹角为锐角，可以推测这类教师可能比较缺乏人情世故的常识，爱讲大道理，但行动力不强。

② "M"型——明朗型教师

"M"型教师的特点是开朗而友好。他们善于与学生、同事以及家长进行亲切的沟通。这种类型的教师通常很受学生欢迎，也能在办公室里活跃气氛。

但是，如果他们的成人性表现不足，表明他们可能是不负责任的人，也容易给周围的人造成困扰，可能会导致他们所带领的班级虽然充满欢乐但秩序混乱。

CP NP A FC AC
善于活跃气氛

③ "倒 N"型——自我主张型教师

"倒 N"型教师具有信念和领导力,他们会以此带动班级提升。由于其父性和自由的儿童性都很突出,所以往往会以自我为中心。他们习惯以指导者的态度待人,往往会抱有一个坚定不移的理想,用好奇心找到一个接一个的目标,并且朝着目标奋力前进。

但是他们不太会体量学生和同事,也不会迎合别人。因此,他们容易与人产生分歧。

④ "右下斜线"型——固执型教师

"右下斜线"型教师虽然有崇高的理想和强烈的责任感，但比较刻板、不够圆融，对自己和他人都十分严格，就像是如石头般坚硬的顽固老头。但是如果这一特点能够得到最大限度的利用，他们可以成为抱有信念并努力达成目标的可靠的领导者。

相反，由于他们身上顺从的儿童性原本就相对较弱，如果他们顽固、排他性的特点再被放大，他们就会无法接受他人的意见。此外，由于他们身上自由的儿童性也同样不突出，最终可能会使他们成为无趣而顽固的人。在上述种种因素的作用下，他们最终会表现出焦虑而易怒的特点。

⑤ "V"型——矛盾型教师

　　"V"型教师对自己和他人都容易做出负面评价。他们态度认真，对工作富有责任感。在他们心里，好强的自己和软弱的自己一直在做斗争。一个自己追求完美，而另一个自己却无法做到畅所欲言，这使得他们的内心充满矛盾。他们甚至会纠结于一些原本就没有答案的问题而导致闷闷不乐。

　　此外，他们不善于自我表达，会让学生感到他们十分严苛且难以接近。

⑥ "W"型——苦恼型教师

　　"W"型教师可以对自己的苦恼进行分析，即使感觉苦闷也会努力工作。他们能够积极地应对压力。基于以上特点，这类教师往往擅长撰写事务性的材料以及精于策划工作。

　　这类教师对犯错的人不讲情面，所以很容易被贴上"冷冰冰"的标签。此外，他们的自我批评意识过强，很容易自卑。

⑦ "N"型——献身型教师

"N"型教师爱照顾人，对自己的职务十分忠诚。他们通常会把自己放在次要的位置，愿意为他人牺牲自己。因此，他们往往能够赢得学生、同事以及家长的尊重。

但是，这类教师往往充满顾虑，不会轻易抱怨，也不能给予学生明确的指导。有时他们会被人勉强而承担一些不利的工作。他们很容易做出自我牺牲，也容易自卑，并因此积聚压力甚至罹患疾病。所以，如果你恰好符合这类教师的特征，请务必重视。

你是否已经找到了与自己的测评结果相似的曲线呢？实际上，我曾在研讨会上对参会者进行测评，结果发现绝大多数人都是明朗型教师。

此外，也有很多温厚型教师和苦恼型教师，但这仅仅体现了他们的基本状态。如果你觉得自己很难接受这样的结果也没关系，结果是可以改变的。你现在就可以尝试用红色铅笔在自我状态量表中标出自己的理想状态！

制订可改善的计划

⋯ 以"倒 V"型为目标

　　要想妥善处理人际关系，让工作顺利推进，教师就要将以母性为最高点的"倒 V"型设定为改进目标。那么，我们要如何改善呢？杰克·杜谢（Jack Dusay）博士提出了一个"能量的恒常性假设"。

　　这个理论认为我们每个人的总能量都是恒定的，容许量不会改变。在该理论中，杜谢博士认为，如果想改变自我状态量表中所呈现出的曲线状态，最有效的方法是提升当下所处的最低点的自我状态或者提升自己希望能够达到更高水准的某个自我状态。

　　通过这种方式，能量自然会从当下并不需要的自我状态向我们想要提升的自我状态进行转移。让我们来想象这样一个装置，假设用几根管子来呈现自我状态量表，同时，各个管子底部由一条管道连接起来，相互贯通，各种自我状态的能量可以通过管道自由流动。

　　我们不去尝试强行降低处于较高位的自我状态，而要尝试提升原本处于低位的自我状态。例如，如果自由的儿童性偏高而成人性偏低，我们就可以尝试提高成人性的部分。这时，就需要我们着重加强逻辑思考能力。这样做我们自然就会更加理性地看待事物，自由的儿童性也会随之降低。下面，我将介绍如何提升每种自我状态的方法。你可以尝试采取以下的行动，并改变自己的语言。

由于能量的总和是恒定的，因此提升某种自我状态后自然会使其他自我状态降低。

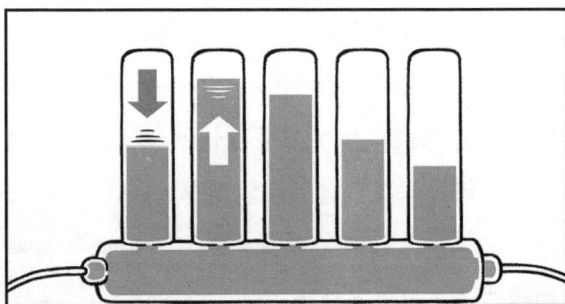

父性的
提升方法　　　**如何变得更严厉**

∵⦁ **保持倔强**

　　父性会随着人年龄的增长而日渐突出，同时也会因为工作而发生改变。例如，如果教师担任年级主任、体育组组长之类的需要责任感和领导力的职务，父性会因为工作需要而逐渐增强。

　　如果你的父性没有随着年龄或工作的变化而得到增强，你可以尝试参照顽固老头的形象来锻炼自己。如果立即学着去批评他人存在一定难度的话，你可以试着从评论报纸新闻和电视节目做起。

　　如果教师的父性较弱，学生会觉得自己无法依靠教师，并因此感到不安。他们可能会想："如果我被欺负了，老师能不能好好教导欺负人的同学呢？"因此，为了保持对班级的掌控，教师的父性需要达到一定的程度。

行动

评判周围的事物。

批评学生的不当行为。

确定一个"即使到最后也不让步"的底线。

坚守原则和规范。

语言

你应该……

你必须……

你不能……

你要正确地对待……

参照顽固老头的形象
来锻炼自己

你应该主动打招呼！

| 母性的
提升方法 | 如何变得更温柔 |

··· 表现得像圣母一样

母性是体现温柔的自我状态，即便是有意识地提升母性，教师也很难像圣母一样爱所有人。但是，我们可以从一些看似微不足道的小事开始做出改变。例如，旅行时记得给同事带纪念品，这是每个人都能轻松做到的。

在平日里，我们难免会因为学生的某些行为感到恼火。在这种情况下，我们不妨转换心态。通过询问学生"怎么了？这不像你的作风，是不是发生了什么事？"来表达自己对于学生的关切。也可以询问正在找东西的学生是否需要帮助，或者关心地问看上去有些不舒服的学生"你还好吗？"

事实上，最简单的办法就是在任何情况下都先给予对方肯定的回应，这就需要我们有意识地将时常挂在嘴边的"但是"改为"的确"。

行动

考虑他人的感受。

善于发现学生的长处。

面带微笑。

不对消极行为做出反应。

语言

我理解你的感受。

很难受吧?

做得好!

这就是你的优点。

表现得像圣母一样

你还好吗?
有没有受伤?

成人性的提升方法　如何变得更有逻辑

⋯ 成为最新型计算机

要做到站在客观的立场上看待问题、具备分析能力，教师首先应该为自己树立一个榜样，这个榜样的最佳选择并非人类，而是计算机。我们可以尝试着像计算机运行一样思考，增强自己的理性。我们可以从简单的事情入手。例如，记录学生情况、研究教材或是思考课程进展不顺利的原因等。此外，教师还可以做出教学方法上的改变——摒弃以往的"严厉地教授"，尝试"细致地说明"。

假设你要开展某项班级活动，首先要向学生强调 2 点——举办活动的原因和活动的具体流程，然后询问学生有什么建议或顾虑，在活动结束后定期与学生交流。通过以上的思考和行动，你的成人性一定可以得到提升。

做记录。

不被情感所左右，把握客观事实。

查询规则和模式。

换位思考。

有什么问题吗？

你最想说的是什么？

现在该做什么？

请你解释得更详细一点。

178

自由的儿童性的
提升方法　　**如何变得更有趣**

⋯ 表现得风趣幽默

　　自由的儿童性代表自我状态中有趣的部分。要提升这个部分需要教师改变自己的表达方式。例如，不再总是道歉，而是多向他人表示感谢，用一声充满活力的"谢谢"来代替"对不起"。此外，还可以在课堂导入部分做一些有趣的尝试。例如，用与手偶对话的方式引起学生的兴趣。休息时，也可以尽可能多地和学生一起玩，讲一些笑话。

　　如果教师的自由的儿童性表现得不够突出，往往会让学生觉得"这个老师不够风趣"。我们可以在平时多留心电视节目之类的内容，收集一些有趣的素材并应用到师生互动当中。

使用感叹句表达。

经常开玩笑。

保持微笑。

找到可以使自己全身心投入的兴趣爱好。

和学生一起玩。

语言

早上好！太美味了！　　让我也加入你们吧！

真有意思！让我试试！　　厉害！哇！

让我们尽情享受吧！

表现得像
喜剧演员一样

好，我们
去玩吧！

顺从的儿童性的
提升方法

如何变得更谦虚

⋯ 表现得像好好先生一样

顺从的儿童性的主要特点是顺应他人。这一自我状态不明显的教师往往会被视为顽固的人。有时也可能被评价为"缺乏合作能力"。为了提升顺从的儿童性，我们首先要学会静静地聆听。尽量不要使用"可是……""为什么这样"等质疑对方的表达，而要使用"原来你是这样想的啊"的表达，以表现出自己试图理解对方的态度。

顺从的儿童性对于团队合作来说十分重要。为了营造出安全感，切记不要直接否定对方，并且要完整地倾听对方的讲述。但是，如果教师表现得过于顺应他人，可能不利于对叛逆的学生进行指导。因此，教师要尝试着将顺应保持在一个恰当的水平。

不打断他人。

尝试询问对方的想法。

积极地肯定对方。

尝试克制自己、做出妥协。

尝试对他人产生依赖。

我可以谈一下自己的想法吗？

对不起，打扰一下。

我想知道你的想法。

这样可以吗？

父性较为突出的教师
很难做出改变

很多人在了解自我状态后都会试图改变。但是，父性较为突出的人通常会质疑测评结果，坚持自我，因此往往很难做出改变。这种反应恰恰是父性突出的表现。

如果教师的父性表现突出，他所管理的班级里的学生会比较压抑，表现出顺从的儿童性，每天都小心翼翼的，甚至会有学生因为害怕而不敢去上学。即使其他教师从教室窗外经过，学生也会以为是班主任来了而紧张地回头看。然而，这样的班级有时反而会获得诸如"管理有序"或"学生态度认真"这类比较正面的评价。

值得我们思考的是这种过于服从的学生是否能成为未来社会所需要的人才呢？如果我们希望培养出拥有自主思考能力、能够关心他人的学生，就需要适当减弱父性而增强成人性和母性。如果有的教师认为并没有必要做出改变，那么他本身可能就有较强的父性。希望教师能够提升成人性和母性，让学生在自由的环境中成长。

第 7 章

班级管理中沟通的方法

HOOK

💬 班级氛围为何会因教师的不同而发生变化

根据以往的班级管理经验来看，你是否也曾感觉到教师不同，班级的氛围也会不同？有的教师让班级的整体氛围变得踏实、认真，有的教师让班级变得活跃。而我所负责的班级通常都充满活力。

事实上，这是因为教师的状态对班级里的学生产生了影响。那么，班级氛围为何会在教师的影响下发生变化呢？我们可以通过自我状态量表来理解。

自我状态有一种名为"HOOK"的作用，具体来说，就是通过自己的自我状态调动对方的自我状态。

下面我用自己的经验作为案例来说明。我之前所在的小学会为即将入学的一年级新生组织入学体检。开学前，孩子们纷纷到校接受体检。这些学生被分为10人一组，每组都有带队老师。因为是第一次步入校门，学生们都很紧张，所以在行动上会尽力表现出成人性。同时，他们顺从的儿童性也很突出。这都使他们呈现出了"认真的好孩子"的状态，会按照要求去做。当时，我感觉学生们太紧张了，于是想要以扮鬼脸、表演魔术的方式表现出自己身上自由的儿童性。学生们看得非常开心，气氛变得活跃起来。后来，他们开始吵闹嬉戏，场面一度失控，导致队伍无法前行。我通过表现出自己的自由的儿童性调动了学生的状态，这就是 HOOK 的效果。

⋯ 调动自我状态

在前面的例子中，我的自我状态影响了学生的自我状态。我所表现出的自由的儿童性激发了学生的自由的儿童性。

由一个人的自我状态调动他人的自我状态的过程被称为 HOOK。那么，当我们分别以 5 种不同的自我状态与他人展开互动时，是否也会相应地调动出对方的各种自我状态呢？

如果教师表现出母性或成人性，将会分别调动出学生的哪种自我状态呢？下面，我将分别围绕 5 种自我状态的调动作用做详细的阐释。

> **要点**
>
> 自我状态的调动作用会对班级产生影响。

（···） 父性的调动作用

我们首先来看一下父性的调动作用。电视剧《女王的教室》将父性十分突出的严苛教师的教学状态表现得淋漓尽致。

基本上，父性会调动出对方的顺从的儿童性。由于父性突出的一方会表现出压迫感，另一方就会不自觉地表现得像听话的孩子。如果班级环境吵闹或学生行为散漫，那么是时候发挥父性的作用了。此外，需要注意的是父性的调动作用也有可能会适得其反，引起学生的负面情绪与叛逆行为。

父性的调动作用

⚬⚬⚬ 母性的调动作用

母性的调动作用又如何呢？母性体现出包容。母性会调动出自由的儿童性。如果教师向学生展现出充满母性的笑容，学生则不会产生防备心理，并且呈现出最真实的自己，自由地按照天性行事。

母性调动出自由的儿童性

⋯ 成人性的调动作用

再来看看成人性的调动作用。事实上，成人性最常出现在商务洽谈中。我正在以成人性的口吻进行阐述，所以，正在阅读本书的读者应该也正处于成人性较强的自我状态当中。

成人性会调动出成人性。如果学生表现出不合时宜的言行，此时教师以成人性来应对是最有效的。这样学生也会思考他们现在应该做什么，反思自己的行为。

成人性调动出成人性

那么应该如何做呢？最简单的方式就是提问。可以向学生提出诸如"你们认为现在应该怎样做呢？""现在能够做点什么呢？"之类的问题，引发学生的思考，引导学生进入成人性的自我状态。

··· 自由的儿童性的调动作用

　　自由的儿童性的调动作用会如何呢？请想象一下，当你遇到像喜剧演员一样的人时会发生什么？也可以试着回想一下自己在看搞笑的娱乐节目时的感受。

　　自由的儿童性会调动出同样的自由的儿童性或母性。假设有人邀请你："让我们一起去喝点什么吧。"你会有什么反应？你可能会表现出自由的儿童性："好啊，那我们走吧！"当然，你也可能会表现出母性："这的确是一个选项，可以去。"

自由的儿童性调动出
自由的儿童性或母性

当学生遇到诙谐的教师时，可能同样会变得爱开玩笑。但也有可能表现得像母亲忠告孩子那样："别忘了，您可是老师啊。"

(···) 顺从的儿童性的调动作用

顺从的儿童性会调动出父性或母性。当教师表现出顺从的儿童性时，如果学生的父性较强，则有可能会提醒教师："老师，要振作起来，别这样了。"相反，如果学生的母性较强，则有可能会给予教师包容和体谅："老师，没关系的。"也就是说，教师可以通过表现出顺从的儿童性来衡量学生内心究竟是反抗性强还是包容性强。

顺从的儿童性调动出父性或母性

💬 教师的自我状态将影响班级氛围

通过上文，相信你已经理解了自我状态的调动作用。以上内容也可以说明为什么不同的教师所带领的班级的氛围会各不相同。

希望你能够将上文中的教师的自我状态量表和自我状态的调动作用结合起来看。这样你也许就会发现自己较强的一种自我状态影响了班级氛围的形成。例如，在父性较强的教师所管理的班级中，学生会整体呈现出顺从的儿童性。他们往往表现得很守纪律，但只会按照要求行事。他们也很有可能会因为压抑而反抗，并最终导致班级秩序失控。相反，在母性较强的教师所管理的班级中，学生的自由的儿童性将能够得到调动，班级氛围很轻松。然而，过度的自由也有可能导致班级秩序失控。

💬 思考如何通过改变自己的自我状态来调动学生

如果你已经能够重新审视自己基本的自我状态了，那么接下来我们就要学习如何根据具体情况改变自己的自我状态。

假设你在阅览室组织阅读活动，你希望学生可以认真地参与其中。如果你在此时表现出较强的母性，那么学生则有可能会相应地呈现出自由的儿童性，并开始制造混乱。在阅览室之类的环境中，教师最好表现出较强的父性，以此调动出学生的顺从的儿童性，让学生能够遵守纪律。

再比如说，在提问后你希望学生可以呈现出更多的成人性。此时你就可以让自己表现得像计算机一样富有逻辑性，让自己的成人性更加突出，以此来调动学生的成人性。

在开班级联欢会时，无论师生每个人都想要尽情地享受快乐的时光。在这种情况下，教师就可以通过表现出自己的母性或自由的儿童性来调动学生的自由的儿童性。

教师需要根据具体情况来调整自己的自我状态。通过这种方式可以最大限度地减少不必要的批评教育，使学生的状态更加理想。

要点

① 思考学生的哪种自我状态适合当下的情境。

② 思考教师呈现出哪种自我状态可以调动出学生的最理想状态。

③ 调动学生的自我状态。

教师的自我状态与班级氛围

　　受到教师较强的成人性的影响，学生也会表现出成人性，展开逻辑性更强的思考。自由的儿童性突出的教师既有可能使班级氛围变得更加活跃，也有可能激发出学生的母性。在顺从的儿童性突出的教师所管理的班级中，学生的父性表现会更强，甚至妄自尊大的态度会在班级中蔓延。

　　如果你了解了自我状态理论，也就能够更加深入地认识到自己的性格对班级所产生的影响。如果你认为现阶段的自我状态对班级产生的影响并不理想，就需要重新审视自己的自我状态，不妨从现在开始做出改变吧！

要点

教师的自我状态影响班级的氛围。

谨防过度谦卑

在做自我介绍时，有一种表达方式经常会令人感到不自然。例如，"鄙人是有幸担任教务主任的某某""我是某某，承蒙关照才使我能够担任执行委员会主席"。这些都是表现出谦恭的语句。

但不必要地呈现出顺从的儿童性并不合适。采用此类表达方式的人可能会觉得他们在职务方面地位高，因此才有意降低自己的身份，表现出谦卑。

但是，职位只不过是职位罢了，人与人之间并不存在上下的等级关系。无论如何，人与人都是平等的。自我介绍时，只要大大方方地阐述事实就可以了，如"我是教务主任某某""我是这次担任执行委员会主席的某某"。不必表现得过于谦卑。

第 8 章

化解沟通危机的方法

脱离"临战状态"

··· 事先了解应对沟通危机的方法

对于教师而言，难免会遇到有学生反驳"那样不奇怪吗？"或有同事表示反对"这样的方案不可行！"的情境。在推进学校工作的过程中，几乎每一位教师都有过因为不知如何回应而无所适从的经历。

教师必须每天都处在学校这一固定的空间里，面对相同的人。如果人际关系处于"临战状态"是非常危险的。一旦处理方式欠妥，教师将不得不每天都深陷痛苦。

当遇到沟通危机时，最理想的解决方式是在不产生正面冲突的情况下化解矛盾。争吵绝对算不上是聪明的解决方式，因为它会带来副作用。

与人争吵就像是从一堆玻璃碎片中捡起碎片扔向对方一样，对方也许会受伤，但一直在受伤的其实是我们自己。可是这并不意味着我们要一直忍受对方的言行，我们需要事先了解恰当的应对方法。如果掌握了好的方法，一旦"临战状态"升级为"战斗"时，我们也能巧妙地化解或迅速结束这场"战斗"。下面，我会给出一些建议，它们能帮助你有效躲避对方的"攻击"并使沟通向好的方向发展。

要点

首先要避免进入"战斗"。

掌握主导权

··· 当学生不听从教导时

Before(以前)

🙁 教师：A 同学！请你保持安静！

😠 学生：老师，大家都这样，为什么只说我一个人？

🙁 教师：因为你是最吵的那一个！

😠 学生：真烦人！不用你管！

你是否有过这样的疑问："为什么学生不听从我的教导，却更愿意听那个老师的话？"有些教师很容易做到让学生听话，他们往往都有一个共同的特点，那就是能够在师生关系中掌握主导权。请回想一下，在大多数的沟通场景中，一定有一个人掌握着主导权。之所以会有学生不听从教导的情况发生是因为此时往往是学生掌握了主导权。

为了在师生关系中掌握主导权，教师不应该被学生的言行所左右，而要尽可能地用自己的言行引导学生。

掌握主导权的具体方法因人而异。在这里我想介绍一下"反向激励"的方法。为了便于理解，下面我会举一些具体的例子。例如，可以针对学生能够解答的简单问题，表达否定的观点。先对学生说："我觉得这对你们来说有点困难！"而当学生争辩"我会做""我做出来了"时，你可以再表现出惊讶地说："哦？真的吗……"这样就可以带动学生。

再如，当摄影师为学生拍照而学生没有表示感谢时，教师可以自言自语般喃喃地说："通常在这种情况下都要表示感谢才对呢。"学生便会连忙说："谢谢！"这样也可以带动学生。而这种在细微之处的积累也将逐渐为教师赢得师生关系中的主导权。

在师生关系中，如果教师掌握了主导权，沟通起来就会更加顺畅。过去，家长会对孩子反复强调"在学校要听老师的话"。但是现在，这样的主张越来越少地被人所提及。在这种大环境中就需要教师自己运用一些技巧来掌握沟通的主导权。关于"反向激励"以及其他与学生沟通的方法，可以参照我的另一本书《教师的语言力》，以获取更多的详细信息。

After（之后）

👦 学生：老师，大家都这样，为什么只说我一个人？

👨 教师：是这样吗？那么请你找出一位比你更吵的同学来。

👦 学生：这个……

要点

掌握主导权，绝不动摇。

表扬学生的态度

··· 当学生表示不理解时

Before（以前）

😠 学生：这也太奇怪了吧！一直到 2 年级都还可以带自动铅笔呢，现在怎么就不行了？

😠 教师：不行就是不行，请你理解！

😠 学生：您再考虑一下嘛！

下面我将介绍应对学生表示异议时的沟通方法。它能够让教师的意见更具说服力，或者至少使教师的意见不被学生叛逆的言论所淹没。如果教师遇到了类似的情况，首先要做的是表扬学生。一定有读者会感到困惑，这种情况下要如何表扬才好呢？此时的表扬应该尽量避免表现出对于对方观点的认同。

如果教师通过"你说得没错""很好""的确如此"等表达对学生言论的认可，就意味着自己认同对方的观点。

当然，如果真的认同倒也无妨，但如果你并不认同的话，这样说就会使自己陷入尴尬的境地。

这里所说的表扬并不是要表扬学生的观点，而是要表扬学生积极的态度。例如，可以表扬学生努力对某事进行研究、积极发表观点、参与讨论等。

"你查了这么多资料啊，做得很好。"

"你真的很积极！"

"你考虑得很全面，实在是太棒了！"

当自己积极的态度获得认可时，学生通常会很满足，进而更加积极地发表言论。而此时教师则要委婉地表达出"你很努力了，思考了很多……但是你的想法还有不足之处"。

当面对想法还不够成熟但依旧努力思考的直率而积极的学生时，只要我们真诚地给予学生表扬，即使学生在讨论中失败了，他们依旧能够获得成就感。这样师生沟通也可以画上圆满的句号。

After（之后）

😠 学生：这也太奇怪了吧！一直到 2 年级都还可以带自动铅笔呢，现在怎么就不行了？

教师：你是想用自动铅笔来提高写字效率吧！有这样
的学习积极性很了不起。

学生：嗯……那么，您能不能再考虑一下呢？

教师：从今年开始禁止使用自动铅笔是有原因的，请
大家听我解释。

要点

表扬学生积极的态度。

做出让对方意想不到的反应

··· 当教师希望尽快结束对话时

当沟通出现问题时，尽早结束对话很重要。如果教师想尽快结束自己与学生之间的消极沟通，关键在于转移焦点。

人们在与他人进行沟通时通常都会事先在心里预测对方的反应，想象"他会如何回应我，表现出怎样的自我状态呢？"

例如，一个学生用撒娇似的语气抱怨着："我不想参加这种活动！"实际上他正期待着教师能表现出母性并安慰他说："不要急着否定，让我们来试一试。"如果学生试图以非建设性行为获得教师的安抚，教师最好尽快结束沟通。具体方法就是试着做出让对方意想不到的反应。

针对上面的场景，可以有3种回答。

一是表现出成人性，冷静地询问学生理由：

"请解释一下你为什么不想参加这项活动。"

二是表现出父性，严肃地给予反驳：

"不可以这么说！"

三是表现出自由的儿童性，开玩笑似的回应：

"老师小时候也不愿意参加这样的活动呢！但是尽力试
试吧！"

当教师表现出令学生意想不到的反应时，他们就会感
到惊讶，并安静下来，这样教师就结束了消极的沟通。我
们把这种做出让对方意想不到的反应的沟通方法称为交叉
型沟通。

在交叉型沟通中，最典型的应对方式是以成人性的自
我状态给予回应。采取非建设性行为的学生通常是在寻求
回应，教师平静地做出应对反而会使他们无所适从。重要
的是不要给予他们满足感，不要和他们同场"竞技"。即使
你马上就要发火，也要冷静地回应，因为学生正期待着你
做出相应的反应。相反，教师预测到学生的期待，并给予
其意想不到的回应，便可以更快地结束消极的沟通。

要点

做出让对方意想不到的反应。

平复激动的情绪

⋯ 当学生处于兴奋状态时

　　学生有时会表现出极其兴奋的状态。比如，开心地做游戏后，他们依旧会表现得很兴奋。当学生的自由的儿童性表现得异常强烈时，就很难静下心来聆听教师的指导。我们将其称作狂欢状态。

　　这就好比我们对沉浸在狂欢节的热烈气氛中的人说"安静点"，对方肯定不会理睬，甚至还可能会说"别烦我"一样。

　　在教室里处于兴奋状态的学生也是如此。上课时，教师要注意不要过度激发学生的情绪。如果学生已经处于过度兴奋状态，就需要教师带领学生做一些平复情绪的活动。

　　例如：

- 创造读书的时间：读书给学生听。
- 创造冥想的时间：让学生慢慢地深呼吸。

　　以这种方式创造出一段安静的时间，以帮助学生平复

激动的情绪。当学生安静下来后，可以通过询问"你们认为应该先做什么？"来促使他们行动。所以，当学生过度兴奋而导致教学无法顺利进行时，你可以尝试先帮助他们平复激动的情绪。

要点

平复激动的情绪。

× 无法在狂欢状态下开展教学   ○ 冷静下来再说话

大家安静！

别烦我！

好了，大家跟我一起深呼吸。

（冷静下来后）我们应该先做什么？

符合逻辑地进行说明

··· 当学生羡慕教师时

Before(以前)

😠 学生：老师，您在办公室里喝咖啡了吧?

😐 教师：是啊，怎么了?

😠 学生：老师，这也太不公平了。为什么我们只能带茶
到学校来，而老师们却能享用美味的咖啡呢?

😐 教师：这个……大人就是可以啊。

😠 学生：老师，您也太狡猾了，这是什么理由啊!

在学校里，学生有时会说教师"狡猾"。无论是穿着还
是文具，学生总是希望教师处于"和自己相似的状态"。

事实上，这些学生陷入了"教师应该与学生保持一致"
的错误观念中。这时教师就要直面他们所提出的异议，问
他们"你们和老师的立场相同吗? "以提醒学生认识到自
己和教师在立场上的差异，纠正他们的观念。为了说服学

217

生，教师需要给出令人信服、逻辑清晰的理由。教师可以从法律的角度解释，从而让学生接受。

After（之后）

🧑 学生：老师，您在办公室里喝咖啡了吧？

🧑 教师：是啊，怎么了？

🧑 学生：老师，这也太不公平了。为什么我们只能带茶到学校来，而老师们却能享用美味的咖啡呢？

🧑 教师：原本老师和学生所处的立场相同吗？

🧑 学生：这个……

🧑 教师：你们似乎认为，学生为了遵守学校的规定而克制自己，因此老师也应该像你们一样。其实并非如此。有一部法律叫劳动基准法，它是用来保护劳动者权利的。法律明确规定，劳动者享有在一定工作时长后休息的权利。无论是警察还是公司职员都是如此。但是，学校的老师通常不能在午休时间休息，因为要照顾在校的学生。换句话说，老师其实是在不间断地工作。这时办公室就成了老师们短暂休息的场所，我们会在那里喝杯咖啡，提提神。相反，学生是学习者，而非劳动者，二者立场完全不同。比如说，一个医生会因为在接诊空隙喝咖啡而被贴上"狡猾"的标签吗？显然不会。所以老师和学生处于不同的立场，不能一概而论。

😠 学生：知道了……（我明白了，原来是因为立场不同。）

要点

符合逻辑地说服学生。

用反问回应对方

💬 **当被人问到自己不想回答的问题时**

身边的同事有时会提出一些我们不想回答的问题：

"你有男朋友吗？"

"你将来有什么打算？"

"你为什么会离婚？"

当遇到这种情况时，我建议用反问的方式进行回应：

"说到男朋友，某某老师，你有男朋友吗？"

"将来？这真是个令人头痛的问题啊。某某老师，你是如何考虑的？"

"离婚啊，怎么说呢……某某老师，你应该过得很幸福吧？"

也就是说，你可以反问对方同样的问题，以这种方式巧妙地岔开话题。在大多数情况下，自然而然就可以将话题的焦点从自己转移到别人身上了。

此外，如果被别人问到了不愿重提的旧事，你可以用这种方法直截了当地回应对方：

"我已经不怎么在乎过去了。"

"我现在只会考虑未来。"

之后，你可以用一句"话说回来……"开启另一个话题。

要点

对于令自己感到不快的问题，你可以反问对方。

施压

💬 **当遇到有人发表不合理言论时**

Before(以前)

👨 教师 A：我想改进一下教职员工的工作方式。

👨 教师 B：这个主意听起来不错。

👨 教师 A：那我们尽快召集所有教职员工开会，讨论如
何改进我们的工作方式。

👨 教师 B：好的……（会议又增加了一个，正是因为无法
改变大事小事都要开会的思维，所以才无法
改进工作方式呀。）

我们也许会遇到想要指出对方错误见解的时候，但是
对方的见解似乎又很有道理，让我们无法指出其中的问题。

在这种情况下，我们可以试图找出对方言论中的矛盾
之处，以此来强调对方言论的不合理性。重点关注对方的
言论是否条理分明、合乎逻辑。如果存在矛盾之处，便可

以将其判定为出局了。

即使对方的言论看上去无懈可击，也有可能存在前后矛盾，只要能够发现前后不一致，我们就可以针对这一点进行反驳。越是看上去善于表达且言论似乎无懈可击的人越爱多说，而往往言多必失，我们反而更容易从他们的话中发现问题。

一旦发现问题，我们不必细细讲述其中原委，只需要直截了当地点明：

"这点与您之前所说的不太一样吧？"

"您好像前后矛盾了。"

"您之前说的是……"

而此时，对方很有可能会戛然而止。这时你就可以发表一些合理的见解，提供替代方案。

After（之后）

😎 教师 A：我想改进一下教职员工的工作方式。

😊 教师 B：这个主意听起来不错。

😎 教师 A：那我们尽快召集所有教职员工开会，讨论如何改进我们的工作方式。

😊 教师 B：增加全体员工会议与改进工作方式是否存在

矛盾?

教师 A：哦……好像是这样。

教师 B：改为由代表参会如何？我认为这样能最大限度地提高效率。

教师 A：嗯，我同意你的看法，就按照你的想法去做吧。

要点

指出对方的矛盾之处。

提出证据说服对方

当自己的提议不被认可时

你是否遇到过这样的情形：你在围绕学校事务划分等问题阐述自己的规划，而听者都只是随口附和，没有人提出有价值的问题，大家都只是敷衍了事。

当然，这可能是因为对方的意见与你的完全不同，所以无论你怎样讲解都无法打动对方。但也许还有另外一种可能，即对方不能确定你所表述的内容的可信度，导致信息无法精准传达。产生这种情况主要有以下 2 个原因：

①他人对你的信任感不强。
②对方希望看到严谨的证据。

第一种情况通常是因为对方以你过去所取得的成绩为判断依据，认为你还没有资格提出规划。而如果是第二种情况的话，你需要提供更多的证据来证明你的论点。

那么，什么样的证据才能赢得他人的信任呢？重要的是呈现客观记录。即便你说"教学大纲里面写了……"，如果对方不了解事实，便无法判断你的言论是否属实。这时你就需要一边说一边拿出证据来支持自己的论点，即使没有证据，也应该有一些记录，你可以试着尽可能多地收集资料并一一呈现。

通常对方并不是因为不信任你而做出了否定的判断，而是因为缺乏证据导致无法判断你是否可信。因此你应该首先提供客观证据。

要点

提供客观证据，获得对方认可。

修复关系

⋯ 当你说了一些过激的话后

无论是与同事还是与学生争论而说了一些过激的话后，你都务必要尽快跟进处理。

如果你在开会讨论时与其他教师发生了争论，就需要主动在会后与该教师进行沟通，并说："不好意思，我刚才说得有点过分了。"

如果是学生，你就可以说："我刚才有点太严厉了，但我能理解你的感受。"

如果在公共场合说这些话让你感觉很尴尬，也可以单独与对方进行沟通。如果错过机会，可能会导致对方产生"我不想再和那个人说话了"的想法，使双方关系产生裂痕，对后续的工作产生不利的影响。

要点

> 发生纠纷后，单独跟进解决。

在批评学生时，
男生、女生应该区别对待吗？

在小学里，关于"高年级女生的批评方式"有时会成为大家争论的话题。

"教导高年级女生时要格外注意"这是一种经常被提及的说法，果真如此吗？

如果学生问："为什么老师在批评男生和女生时会有所不同呢？"你会如何回答？你也许会说："因为是女生，所以批评时要更温和一些。"我们不应该向学生传达这样的观念，况且现在早已不是强调男女差别的时代了。

从我自己的角度来看，"批评高年级女生时要温和"似乎意味着"批评男生时粗暴一点也没关系"。可事实不应如此。如果教师用心教导，对待男生、女生时自然也就没有任何区别。我认为不应因为性别差异而区别对待学生，教师应该公平地引导所有学生。

第 9 章

如何应对意见

家长的意见可以分为 3 种类型

··· 意见的类型

我们可以将家长的意见分为以下 3 种类型，如果你在工作中遇到了家长抱怨，可以先考虑一下它属于哪种类型。

①有关教育或活动的意见

此类意见主要出于家长对活动内容的疑虑。例如，当运动会或校外学习等安排出现问题时，家长就容易提出意见。

之所以会这样，多是由于他们与其他学校进行了对比。这种类型的意见通常不会复杂化，也不至于纠缠不清，教师可以对提出意见的家长表示感谢，并着手改进。

②有关教师沟通问题的意见

家长有可能会因为教师在指导学生的过程中出现了沟通问题而提出意见。家长会提出诸如"指导孩子时采用的方法不好""表现得不够温和""没有与家长联系""不信守诺言"等意见。

这都与教导孩子息息相关，往往很难处理。提出此类意见的家长通常会认为教师没有给予自己的孩子足够的关注与照顾，这样的负面情绪会使处理的难度增加。但是，如果教师能够具体解释为何会出现这种情况，家长也就会认为自己获得了关注与理解。如果是教师自身存在问题，就应该诚恳地向家长致歉。

例如，教师对家长说："在这件事情上，是我的指导存在问题，对此我感到很抱歉。"最重要的是表达出歉意，如果对方的态度依旧强硬，我们也不必太自责。而如果家长回复"今后也请您多多关照"，那么教师也就再次得到了家长的信任。

无论我们接到怎样的意见，都要坚信自己绝对可以处理好，并且做出诚恳的回应。

③因臆想或误解引起的意见

有时意见源自家长的臆想或误解，因此无论教师如何努力，永远都无法达到零投诉。

传达事实可能会令家长和学生难堪，所以教师有时很难向家长传达事实，而这也有可能会引起家长的抱怨，使事情陷入难以处理的困境。

即便是因为家长的误会，教师也要反省：可能自己的反应是及时且充分的，但在与家长沟通时没有讲清楚。教师可以对家长说："我再考虑得周全一些就好了。"

如上所述，家长的意见可以分为 3 种类型。如果你在工作中接到了家长的投诉，请先考虑一下它属于哪种类型再采取恰当的应对方法。

要点

区分 3 种意见的类型。

面对意见时先接纳

⋯ 当家长投诉且怒气难消时

Before（以前）

🧑 家长：老师，我家孩子说他被您狠狠地训斥了一顿！这到底是怎么回事？

🧑 教师：我来向您说明一下具体情况，其实是 A 先动了手……

🧑 家长：您的意思是全都怪我家孩子？这太过分了！明显就是您有所偏袒！真不敢相信！

🧑 教师：不，事实并非如此……（真令人无语。）

　　请你想一想，这样的情况应该如何处理？投诉的家长往往处于强烈的父性状态。面对这样的家长，如果教师的反应没有达到对方的预期，或是采用交叉型沟通的方法来应对，会让家长生出不被理解的委屈。教师原本可能希望利用交叉型沟通尽快结束对话。但其实这样做容易引起对

方不快。

因此，在这种情况下教师可以先表现出顺从的儿童性，接纳家长提出的问题，可以说"我明白您的意思""对不起，让您担心了""我理解您的感受"之类的话，表示理解。

这些在面对意见时用来缓和气氛的语言被称作缓冲语，你可以参考以下的表达：

- 给您带来不便，我深表歉意。
- 我有不足之处。
- 我会多留意的。
- 对此我深感抱歉。
- 确实有很多值得我反思的地方。
- 实在不好意思。
- 我们对此的学习不到位。
- 我们对这件事的认识还不够充分。
- 是我考虑得不够周全。
- 我有做得不好的地方。
- 给您添麻烦了。
- 这件事本不应该发生。
- 我真诚地向您道歉。
- 我感到十分愧疚。

> - 是我做得不够到位。
> - 我没有付出足够的努力。
> - 是我们粗心大意了。
> - 我没有需要辩解的地方。
> - 我在深刻地反省。

　　但是，如果教师从始至终都表现出顺从的儿童性，谈话就会一直持续下去。为了避免这种情况的发生，我们需要在以顺从的儿童性的姿态接纳家长的意见后及时表现出成人性来予以应对。我们可以向家长提供解决问题的方法。同样，当学生表现得叛逆使场面难以把控时，我们也可以先表现出接纳，再以自己的自我状态去调动对方。这样就可以在不引起对方不快的情况下尽快结束负面的沟通。

After（之后）

　　家长：老师，我家孩子说他被您狠狠地训斥了一顿！这到底是怎么回事？

　　教师：很抱歉让您担心了，本来应该由我来联系您的，我向您说明一下具体的情况。事实上，是学生之间产生了矛盾，过程是这样的……

　　家长：哦……（原来我家孩子也有错。）

先通过缓冲语来表示接纳。

应对意见的 5 个步骤

··· 当教师无法妥善处理家长的意见时

Before（以前）————————————————————

（教师在小学低年级学生的午餐准备时间找学生谈话，当天放学后，家长打来电话。）

👿 家长：我家孩子说今天午餐时间被老师骂了一顿，一点饭都没吃就回来了！不让孩子吃饭是不是太过分了？！

🙂 教师：事实并非如此。我的确在午餐前找他谈话了，但给他留出了足够的时间用餐。

👿 家长：不过，我家孩子说他根本没有吃东西！这么小的孩子，你竟然占用他的午餐时间，究竟有什么非说不可的呢？这样做很不合情理！

😠 教师：对不起……（学生应该有足够的时间用餐，家长简直不可理喻……）

下面，我会详细地讲解如何应对家长的投诉或抱怨，为了避免失败，可以按照以下 5 个步骤来进行。

①道歉

我们最先要做的就是道歉。教师先道歉可以迅速平息家长的愤怒。最重要的是，先道歉可以最大限度地缩短家长抱怨的时长，可能会使原本需要用一个小时处理的情况，在 5 分钟内就得到解决。有时甚至在教师道歉后，家长就能立即给予谅解。

即便如此，如果家长因为误会而提出了投诉，教师先道歉可能会使自己感到委屈。此时，我们可以做出"限定性道歉"，也就是说我们仅仅表示出对家长愤怒情绪的理解并对此致歉。即使我们还不了解实际情况，也可以先对家长的愤怒及担忧表示歉意，可以这样说：

"首先，让您担心了，我表示歉意。"
"由于我考虑得不够周全，给您造成不便，我深表歉意。"

这种表达歉意的话可以安抚家长的负面情绪。

家长抱怨的可怕之处在于无论是你之前已经与家长建立了多么良好的关系，还是你们刚刚第一次见面，在家长提出抱怨的那一刻起他们就已经在心底与教师形成了对立关系。在对立的情况下，教师就无法进一步构建与家长的关系。换句话说，如果教师不改变这种对立，家长的抱怨将永远不会结束。

因此，教师应在第一时间进行道歉。可以使用上文中提到的缓冲语进行"限定性道歉"。

②确认事实及诉求

如果你对事实还不够了解，可以先对家长说"我要先确认一下事实，明天再给您打电话"，以此结束对话。如果事实已经很清晰了，教师就要在此时确认家长的诉求。

③提出解决方案

如果教师已经对事实及诉求进行了确认，就可以进一步提出解决方案。在思考解决方案时，可以尝试征求学校管理层以及年级主任等多方面的意见。这样做一方面可以使解决方案更加完备，另一方面如果日后遭到追责，也可以避免一个人承担后果。

制订合理的解决方案后，教师可以分 3 个步骤向家长进行说明：

第一步是以简单易懂的语言向家长介绍解决方案。重点是要做到容易理解，其标准就是确保自己的说明即使是孩子也可以理解。具体来说，最好用小学高年级学生也能理解的方式来表达。

④说明背景及依据

作为向家长说明的第二步，教师应向家长说明有关事件的背景并提供依据。

问题的形成一定都有其背景原因，教师应向家长说明究竟是怎样的原因导致了目前的问题。除此之外，还要给出依据，做出合乎逻辑的陈述。

⑤列举以往的案例

第三步就是列举以往的案例。在提出解决方案的同时，提供一些过去的经验也很重要。向家长介绍过去遇到类似的问题时是如何应对的，可以讲一些以往的事实，谈谈自己的经验。

按照以上的 5 个步骤就可以应对家长的抱怨及投诉。

即便如此，家长依旧可能会对同样的事进行多次投诉。

需要注意的是，教师应在处理同类的家长意见时采取前后一致的应对措施，切忌因人或因时而改变自己的应对方式。

下面就让我们通过案例来看一看这 5 个步骤的具体应用吧！

After（之后）——————————————————

家长：我家孩子说今天午餐时间被老师骂了一顿，一点饭都没吃就回来了！这究竟是怎么一回事？！

教师：首先，让您担心了我深表歉意。其次，给 A 同学留下了不好的回忆，为此我也需要道歉。

　①道歉

家长：真是的……这么小的孩子，你竟然占用他的午餐时间，究竟有什么非说不可的呢？

教师：其实我是在午餐前找 A 同学谈话的，并没有因此占用学生的用餐时间。　②确认事实及诉求

不过，可能是由于谈话让学生感到紧张所以才无法安心用餐，关于这一点我也需要反思。

　③提出解决方案

我想 A 同学今天没能正常用餐的原因是出于紧张。的确，这个年龄段的学生会因为难过或惊讶而吃不下饭。但是目前我只有在准备午餐

时才有时间了解学生的问题。今天我也是在准备午餐时找 A 同学谈话的，并且给他留出了用餐时间，直到午休时间才继续与他谈话。

④说明背景及依据

在校时间十分有限，我也只能抽时间指导学生，所以希望您能理解。

家长：哦，原来如此……

教师：事实上，也曾经有其他家长提出过同样的问题。那次也是由于单独谈话使学生倍感压力，并在此后的学习中表现得进展缓慢。**⑤列举以往的案例**
我也觉得自己要在这一问题上加以改进，尽量不让谈话影响到学生后续的学习生活。这次是我考虑不周，深表歉意，不知您是否能够给予理解？

家长：原来是由于您时间不多，我了解了。但还是希望您今后能够注意批评学生的时机。

教师可以按照上面对话中的步骤来应对家长提出的意见。

但是，即使做出这样的说明，也有可能依旧得不到一些家长的理解。他们会提出诸如"请不要批评我家孩子"

之类的教师难以满足的诉求。此时，我们可以这样应对：

"我们都想尽可能多地为学生服务，不过学校里并非只有一个学生，非常遗憾这次不能满足您的要求。作为校方，我们会重视这个问题的。"

通过有意识地使用"作为老师"和"作为校方"这样的词，可以给家长留下一种印象，即你所讲的是集体决策的结果。

尽管是应对家长所提出的意见，但在某种程度上也可以把它看作一场谈判，教师不必满足家长所提出的不合理要求。我们只需要作为学校代表，履行向家长说明的责任，明确地告诉对方自己能做和不能做的事情。但也要记住语气不能太强硬，从始至终要保持体谅家长的态度。

要点

按照 5 个步骤处理家长提出的意见。

打断对方的叙述

当家长不停抱怨时

有的家长一旦开始抱怨就滔滔不绝，还会批评教师，试图煽动周围人的情绪，甚至可以连续说上 2、3 个小时。通常人们会认为此时最好不要打断他们，要听他们讲完。但是，如果家长一直无法结束抱怨，我们就需要掌握一些应对的方法。下面这个方法一般很有效。

我们可以一边表现出对他们所讲的内容十分关心，一边打断他们：

"稍等一下，我想确认一下是否真正理解了您所讲的话。"

"可以让我总结一下您的观点吗？我想确认一下是否理解到位了。"

"我来总结一下您所讲的内容吧！"

接着我们要尽量原原本本地复述家长所讲的话。

无论对方多么怒火中烧，当听到我们这样的请求时也一定会停下来，因为他们也想要确认听者是否真正理解了自己的意思。他们越是对你是否认真地倾听了自己的意见抱有疑问，就越会认真地倾听你的复述，他们也想要好好确认一下自己是否被误解了。

通过这样的提问，教师就获得了对话的主导权。教师成为发表言论的一方，也可以重新决定对话的方向。

如果教师总结错了，家长就会进行纠正。这样教师与家长之间就会产生共鸣。实际上，家长往往又会提出一些新的主张。他们也许会说："虽然我刚刚那样讲了，但我实际的意思是……"此时，教师就要重新总结家长的观点，也许会因此而发现一些深层次的其他原因。

最后，我们要就问题发表自己的观点，主动为家长提出解决方案。

通过在抱怨的对话中插入"总结"，可以使有可能发展为冲突的对话成功地转变为具有建设性的沟通，达成双赢。

当家长的抱怨似乎没有尽头时，使用这个方法很有效。

要点

总结对方的观点，掌握沟通的主导权，引导谈话向着解决问题的方向发展。

在拒绝的同时提出替代方案

💬 当家长提出难以满足的诉求时

满足家长的所有诉求是相当困难的。如果教师能够逐个处理，那将是最理想的状态。但是，家长的某些诉求可能会违反学校的规定，教师是无法满足这样的诉求的。

例如，有的家长可能会提出："可以让孩子带驱虫喷雾到学校吗？"根据学校的规定，驱虫喷雾是禁止被带入校园的。但学生的确会因为被蚊虫叮咬而出现身上斑痕累累的情况。

此时，教师可以这样说：

"作为校方，我们不允许学生将驱虫喷雾之类的药品带入校园，不过我可以代为保管，这样孩子在需要时也能用得上。"

这样既向家长传达了学校的规定，也做到了具体问题具体应对。当教师由于学校的规定而无法满足家长的某些诉求时，可以在表述当中加入"不过"等转折词并随之提出替代方案。

除此之外，还可以这样说：

"这次先这样处理，但是从下一次开始，请您按照……
来做。"

"我明白了，如果可能的话，从下一次开始，您能不
能……"

要点

思考并提出替代方案。

提出替代方案

详细地做记录

··· 当家长提出复杂的意见时

有的教师习惯在接收到家长的意见后，记录一些印象深刻的关键词，但这还不够。

在接收到意见后，你是否也有过"我明明已经尽力了，家长却因为一点小事就生气"之类的想法呢？这很符合人之常情。

但是在向管理层反馈时，这种心理的存在会影响我们对事实的判断，以致无法做出详尽的报告。如果家长继续向学校的管理层投诉，校方会因为不了解详细情况而无法做出应对，会被视为应对不及时。

为了防止这种情况发生，我们要尽可能详细地做好记录，清楚地将事实与观点区分开。我们可以将事实与观点分别反馈给管理层。为此，我们要记录家长的话，尽可能正确地传达事实，并将个人判断放在事实之后。

要点

根据记录，报告客观的事实。

将事实与观点区分开进行报告

让家长意识到自己的臆想

💬 **当家长过度焦虑时**

Before（以前）

👩 家长：我家孩子说他的资料不见了，这一定是被偷了吧？我听说班上有一个坏孩子，我认为是那个孩子干的。

👨 教师：我们已经在学校找到了那份资料，就在他本人的工具箱下面。

👩 家长：是的，我也听说了。但也有可能是有人偷了资料又放在那里的，对吧？

👨 教师：是的……并不是没有这种可能性。

👩 家长：作为学校，你们打算如何处理？

👨 教师：是啊……作为学校，我们将采取更好的措施，以免再次发生此类事件。

👩 家长：（我家孩子的资料果然是被偷了！）你们以后多注意吧！

👨 教师：不好意思……（根本就不是被偷了！明明是你家

孩子自己弄丢的！）

　　一些家长会对孩子的情况过度焦虑。而教师可能会觉得家长是在杞人忧天。但我们要意识到，从家长的角度来看，他们只能在孩子叙述的基础上想象学校里的情况，因此有时的确会出现过度解读的现象。

　　对于这样的家长来说，教师带有认同的附和可能会适得其反，就像案例中的家长一样。如果我们不反驳家长的观点，表现出体谅，反而会让他们对自己的猜测深信不疑，这也将使他们更加焦虑。

　　教师是教育专业人士。有时为了让家长安心，我们要从专业人士的角度下定论。而这些判断式的观点会减少家长的焦虑。

　　教师每天会接触到很多学生，应该能够了解学生的成长阶段以及随之而来的一些问题。所以，我们可以为家长分析过去类似的事例并提出自己的见解：

　　"这个年龄段的孩子会倾向于……"
　　"这种情况很常见，其原因是……"

　　面对家长的焦虑，仅仅靠附和有时会行不通。我们可以站在教育专业人士的角度分析情况，表达自己的观点，让家长更加安心。

After（之后）

家长：我家孩子说他的资料不见了，这一定是被偷了吧？我听说班上有一个坏孩子，我认为是那个孩子干的。

教师：我们已经在学校找到了那份资料，就在他本人的工具箱下面。

家长：是的，我也听说了。但也有可能是有人偷了资料又放在那里的，对吧？

教师：这其实是一件很常见的事。当我将资料分发给学生时，经常会出现丢失的现象，而且很难想象谁会偷别人的东西再放到其他地方。

家长：是这样的吗？

教师：是的，所以我不认为是有人偷了资料。当然被偷的可能性也并不是没有，我也会继续留意的。但无论如何，您不必为此过度担心。

家长：原来是这样啊……不好意思，我大惊小怪了。（还好是我杞人忧天了，这下放心了。）

教师：哪里哪里，这也是关乎孩子的问题，担心是很自然的。如果您有任何疑问，请随时与我联系。

要点

分析过去的事例，将判断告知家长。

专栏
三

交际圈与自控能力

美国杜克大学于 2013 年进行的 3 项实验表明，在与自控能力强的人相处时，自控能力较弱的人抵抗诱惑的能力也会增强。

自控能力是发挥专注力和控制欲望所不可或缺的能力，也与实现目标密切相关。当然，我们可以通过自我训练来提高自控能力，而实验结果表明，我们也可以通过改变自己的交际圈来自然而然地提高这种能力。

如果你认为自己很容易受到诱惑或者无法保持专注，就可以主动去接触一些你认为的专注力很强、在行动中有决断力、能抵抗诱惑的人。

相反，以下类型的人则不适合被纳入交友范围：

- 只说让人舒心的甜言蜜语的人
- 对别人要求严格而不严于律己的人
- 言语中缺乏理性，容易凭感性行事的人
- 不分青红皂白就轻易对事物做出判断的人

有上述表现的人往往自控能力不强，与他们相处将对我们产生负面影响。在教师聚会中，如果有人抱怨"校长的判断很奇怪""年级主任缺乏能力"之类的，我们最好不要加入这种小团体。如果我们身处这样的交际圈中，自己的自控能力也会逐渐下降，从而陷入恶性循环。如果我们身边有自控能力强的朋友，可以相互切磋和激励，共同成长。

　　让我们以此为契机重新审视自己周围的人际关系，并思考一下要结交怎样的朋友才能使自己变得更好。

第 10 章

沟通不畅时的应对方法

自我疗愈法

··· 心理疾病和自我疗愈

患心理疾病的教师屡见不鲜。2017 年，在日本因病休假的教师有 7796 人，其中患有心理疾病的人占 65.1%，人数达 5075 人。他们中的 1994 人已经复工，1023 人不得不因病离职。文部科学省的有关负责人表示，教师患心理疾病是由工作量过多、工作时间长、职场人际关系复杂等多方面原因所导致的。我本人也曾接受过心理咨询，而且也曾萌生过离职的想法。

首先，我们要知道的是学校并不会守护我们的健康。现在是自己守护自身健康的时代。你的健康乃至生命才是最重要的。

在现代社会，被诊断出患有抑郁症等心理疾病的人逐渐增多。由于经济危机的影响，即便我们努力地工作，工资也不会上涨。大多数公司都持续处于人手不足的状态，导致人们不得不长时间地工作，累积了巨大的压力与疲劳感。在这样的家庭中长大的孩子也很有可能会受到影响。此外，人们普遍认为可以随意讨论有关学校教育的话题。

可以说，学校教育已经成为社会愤怒的发泄口。为了打破这种恶性循环，我们必须要学会调整心态。

然而，教师并不能轻易地请假。很多教师抱有这样的想法："只有我了解课程的进度，因此我不能休息。""如果我休息的话，会给他人带来麻烦……"

大多数教师连"踩一下刹车"稍作休息都会犹豫不决，无法真正地慰劳自己。我们应该意识到身体是教师的资本，一旦失去健康，我们将很难再开展有价值的教育活动。

我们首先可以将"非战"作为人际关系的目标。《孙子兵法》中有这样一段话十分有名："百战百胜，非善之善者也。不战而屈人之兵，善之善者也。"《孙子兵法》中的一些思想也被经营者所推崇，这里正体现了"不浪费有限的资源"这一理念。

如果我们不希望有太多烦恼，就需要掌握一些战略技巧，用它们来守护自己的健康。下面我将介绍一些在沟通不畅时进行自我疗愈的方法。

要点

掌握自我疗愈的方法，让沟通更加顺畅。

不放在心上

💬 自己与自己和解

一旦我们开始在意他人的目光，便会陷入无尽的恶性循环之中。

当同事与我们发生目光接触时，我们心里就会忐忑不安，不自觉地想"他会不会在背后说我的坏话呢？"当学生与我们没有目光接触时，我们又会感到不安，认为"我竟然被学生无视了，我是不是做了让他反感的事情呢？"

在臆想的过程中，自己的情绪会越来越低落。如果太在意他人的想法，只想被人喜欢、不被人讨厌，也许如愿以偿，但同时你时刻都要扮演一个八面玲珑的角色，因此你没有固定的价值观，这样最终可能会导致自己失去他人的信任。

如果我们不想树敌，就意味着时刻都要配合他人的步调行事，所以不得不承认这是一种极不自由的生存方式。这会让我们变得心情阴郁，感觉生活毫无乐趣。而这一切都源于强烈的自我意识，正因为脑海中的自我意识太强烈，我们才会处于无法理性思考的状态。我们当然不能完全了解他人对我们的看法以及他们在想些什么，不用说他人，我们可能都无法完全了解自己在想些什么。人的情感原本就是令人捉摸不透的东西。如果我们太在意他人的看法，就会备受约束，从而不断地想要迎合他人。

无论我们做什么都不会令所有人满意。每 10 个人中或许就有 1 个人对我们不抱好感。如果一个班级里有 40 个学生，可能就有 4 个左右的学生并不喜欢你。同事、家长中也有可能存在不喜欢你的人。或许是双方相互厌恶。

但他们的存在恰恰证明了我们是自由的，坚持着自己的生活方式，有自己的生活准则。我们可以把他人对于自己的坏印象看作是为了自由生活所必须付出的代价。因此，我们可以把他人的视线放到自我管辖范围以外。

我们没有必要一定要获得同事的认可，也没有必要一定要获得领导的好评。众人的评价并不那么可靠。我们只要被拥有理性和道德、真正关心我们的人认可就足够了。让我们内心舒畅地生活吧。

要点

不被人喜欢是自由生活的证明。

进行"课题分离"

··· 思考"这是谁的课题?"

阿德勒心理学中有"课题分离"这样一个概念。

我们在面对人生中的一切事物时都可以先思考一下这个问题:"这是谁的课题?"把"自己的课题"和"他人的课题"分开来思考。

假如你不被领导看重,你的感觉一定不太好。此时大家普遍都会想尽办法博得领导的喜爱,希望获得认可。但在阿德勒心理学中,这样的想法是错误的。相反,他人对我本人及我的言行有着怎样的评价,是他人的课题,是我无法控制的。即使我们做出再多的努力,也依旧可能不会得到领导的青睐。

阿德勒发表过这样的观点:"你并不是为了满足他人的期待而活着的,同样,他人也不是为了满足你的期待而活着的。"

我们不必畏惧他人的目光,不必在意他人的评价,不必寻求他人的认可。

不要让他人干涉自己的课题。让我们试着来做"课题分离"吧！

无论面对何种问题，都要首先问自己："这是谁的课题？"

如果是自己的课题，就要积极解决；如果是他人的课题，就不要介入；我们也要避免他人介入我们的课题。

思考一下，你正在烦恼的问题真的是自己的课题吗？如果置之不理，究竟谁会为难？冷静地思考一下这个问题，如果你意识到这个问题其实是他人的课题，就不要介入了。

要点

他人的课题，我们无法控制。

得到 60 分就好

⋯ 不要求自己得到 100 分

教师普遍都很认真。很多人处处力求完美，因此自己过得很痛苦。对于这样的"完美主义教师"，我希望你们可以试着给自己设定一个 60 分的标准线。

如果给自己在学校的工作表现打分，满分是 100 分，你要得到多少分才会满意呢？让我们降低标准，接受无法得到 100 分的自己吧。假设你有一个目标，但自己无法实现，这时你要试着接受事实并安慰自己"这没关系"。即使自己距离理想状态还有 40 分左右，也不必太在意。

教师的工作以人际关系为核心，任何人都无法决定他人如何成长、如何行动。我们只要尽力而为，承认自己的不足就足够了。没有人可以总是成功，凡事都要求自己做到 100 分只会令自己痛苦。无论是承担校务工作、与家长互动还是管理班级，如果我们要求自己事事都做到完美，一定会筋疲力尽。

保持心理健康才是最重要的。

我们需要积极地创造空间，让心灵有喘息的机会。如果能够做到这点，即使在他人犯错或遭遇失败时，我们也能宽容地说："这是每个人都在所难免的。"

要点

> 把自己的标准线调整到 60 分就好。

告诉自己"能够安身立命的我真了不起"

··· 还能够行动就非常好了

从事教师工作，就如同行走在漫漫长路上。有时你可能会迷失方向，会觉得看不到工作的价值。这时你可以停下来想一想，试着问自己："如果工作没有纯粹的意义就不行吗？"人生是漫长的，有时只能顺其自然。原本能够在工作中找到意义的人就只是少数。

相比之下，不说漂亮话而大大方方地承认"工作是为了生活"的人则显得更加坦率。成为社会中的一员并不意味着我们必须永远拥有梦想和目标，我们已经不再是少年，所以也不必总是抱着天真的理想不放。

我们可以先设定一个简单的目标——每天都能吃饱、能睡在温暖的被窝里就很好了。在此之上，如果因为从事教育事业，我们能够给他人带去笑容，那么工作的意义就又多了一分。

努力地做到实现自我价值是好事，但教师所从事的是与人打交道的工作，我们永远都无法左右工作的结果。有人也许会因为理想与现实间的差距而苦恼，因为无法填平两者间的鸿沟而感到身心俱疲。

　　此时我们可以安慰自己不必看得太远，只关注此刻就足够了。思考自己现在可以做什么，然后慢慢地行动起来。

要点

意识到自己所做的工作如果能给某地的某人带去微笑就很好了。慢慢地行动起来。

写在纸上

💬 完整地写下思考过程

你是否也曾在头脑里默默地不断思考：

"如何才能吸引班中那个学生的注意力呢？"
"那位家长还会再怒吼吗？"

对于未来可能发生的问题，你也许总感到焦虑。在这种情况下，可以尝试将烦恼写在纸上。如果我们在头脑里思考一个问题，它也许会反复地出现。一天之内，我们会重复地想起它，就好像有几十个甚至上百个问题一样。

不要在头脑里思考问题了，试着把它从头脑里搬出来，写在纸上吧。

如果你现在就有烦恼，可以试着将问题所包含的方方面面都写在一张纸上。你也许会发现，令自己烦恼的原因出乎意料的少。自己明明一直在焦虑，但引发我们焦虑的因素并不多。当你意识到这点，心情自然会轻松很多。

写好之后，我们就可以进行下一步。

　　将纸作为自己的沟通对象，讨论如何应对问题。你可以分别扮演咨询的一方以及给出建议的一方，写下他们之间的对话。

　　A：发生了什么？

　　B：我无法向家长讲述学生的情况。

　　A：具体来说，为什么做不到呢？

　　B：我明明是出于担心才告知家长的，可对方却很生气。

　　A：家长为什么生气呢？

　　B：也许家长觉得自己被责备了吧。

　　A：是你责备了家长吗？

　　B：不，我没有责备家长。

　　A：但是，为什么家长会有这种感受呢？

　　B：也许我的表达方式让对方产生了压迫感吧。

　　A：的确如此。

　　B：下次试着改变一下表达方式吧。

　　A：就这样做！

　　像这样，我们可以与自己进行书面对话，客观地把握

情况，给自己出谋划策。学会分离课题，找到自己可以解决的地方，向自己的课题发起挑战。

要点

写在纸上，在头脑外进行思考。

客观地把握情况

× 在头脑里进行思考

○ 在头脑外进行思考

给自己提建议

俯视

💬 透过镜头看自己

我们可以有意识地从脱离自身的角度去审视自己，就好像从身体中分离出另一个自己一样。这样你会冷静下来。当你感觉自己怒火中烧时，不妨想象有这样一个自己：从上方俯视现实中的自己。

此时的我们就好像处于电视剧的某个场景中一样。这样做有助于我们客观地审视自己。我们可以一边审视，一边思考："那个人为什么会生气呢？""那个人的心情如何呢？"通过俯视来审视当下的情境，使自己的情绪缓和下来。

要点

通过俯视缓和情绪。

好像处于电视剧的某个场景中一样

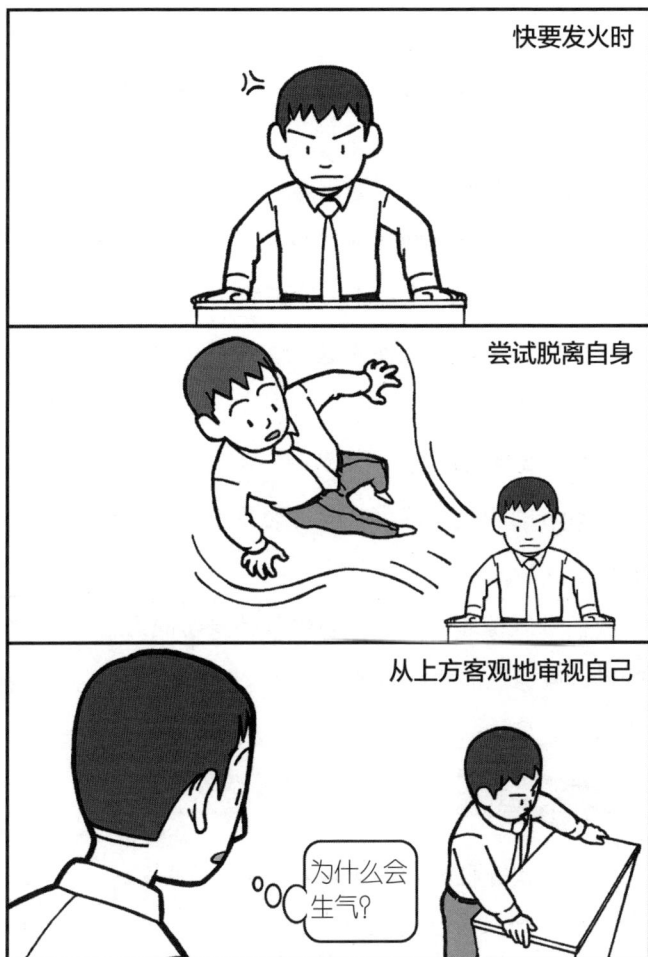

快要发火时

尝试脱离自身

从上方客观地审视自己

为什么会生气?

把对方当作"其他人"

💬 **如果被"其他人"责备的话又会怎样?**

我们有时要面对领导毫无缘由的责备,有时要面对家长因为问题无法得到解决而产生的怒火。当我们难以忍受时,心里也许会想:"为什么只说我……这个人是怎么回事?"此时你可以尝试使用这个方法:转变沟通对象的身份,把对方当作"其他人"。

例如,试着把对方想象成一个老人,把对方的责骂想象成老爷爷的叫嚷。或者把对方想象成一个正在吵闹的年幼的孩子。

我们可以把冲突的对象当作其他身份的人,这样你也许就可以原谅他们的行为了。

要点

试着把对方想象成老爷爷或小朋友。

把对方当作其他身份的人

不要将"偶然"的失败 看作"永远"的失败

··· 谁都会经历失败

你是否也有过这样的烦恼:"我又犯错了"或是"无论做什么总是事与愿违"。

任何人都会经历失败,我们无法完全避免人为错误,正因为如此我们才需要应用人工智能。即使是那些我们认为了不起的人也一定遭遇过失败,而我本人也经常犯错。

我曾经作为教学主任讲过一堂示范课,但由于我把讨论环节的问题设置得太难了,学生完全无法展开讨论,导致示范课以失败而告终。当时领导也对我做出了负面评价。

无论错误是大还是小,每个人都会犯错。有时也许在周围人看来你只是犯了一个小小的错误,但对你来说却是一个极大的失误。没有必要因为一次失败而否定自己的全部。不会有人偷走你努力的过程,我们需要接受失败的结果。对于已经无法改变的事,我们无须再忧虑。一次失败不会影响你人生的价值。

首先我们要正确地认识失败。一次失败并不能否定与之相关的一切。就像我的课程一样，虽然当天的授课失败了，但并不意味着整个单元的教学都失败了。即使讲课进展得不够顺利，但并不能代表学生的能力没有提升。

你首先要表扬一下坚持到底的自己。最重要的是不要停下脚步。给自己留出一些喘息的空间。静下心来之后，再思考之前的失败是否还有挽回的余地。如果纠结于错误本身，你将停滞不前。

至于如何挽回，你也不必独自一人向问题发起挑战。如果问题超出了自己的能力范围，你可以请求其他人的帮助。相信此时会有理解你的人向你伸出援手。

要点

一次失败并不能否定一切，试着去发现积极的因素。

咨询

💬 **发泄负面情绪**

　　有的人可能会因为一件小事而怀疑自己的整个人生。他们往往有一个共同点——缺乏发泄负面情绪的出口。即使有倾诉的对象，也有人可能会因为难为情而不愿将自己的烦恼告诉别人，只能独自承受。

　　将自己的烦恼说出来会让你轻松很多。如果你对朋友或家人等亲近的人难以启齿，也可以寻求心理咨询师或领导的帮助。即使不能得到一些建议，只是简单地沟通也能缓解焦虑。

　　如果是工作内容或人际关系的问题，有时只需要调动岗位就能解决。即使不能立即实现调动，你也有可能得到"明年春天可以调动"之类的答复。有些人可能会抱有"与领导沟通没有用"的想法而回避领导，但与领导沟通后得到改善的案例也有很多。

　　如果无法与领导沟通，你也可以试着与学校的前辈沟通。如果你觉得与校内的人沟通会感到拘谨，也可以试着与校外的朋友沟通。

　　你可以借着商量的机会梳理自己的情况，冷静地审视自己所处的情境。

　　当你因为眼前的人际关系而感到苦恼，纠结于是否要辞职时，头脑往往是混乱的，容易感情用事。许多人会在此时盲目地做出决定，过一段时间又会后悔。

　　通过咨询可以引入第三方的观点，降低因为感情用事而做出错误决定的风险。

要点

通过咨询让思路更加清晰。

寻找朋友

💬 与朋友共情

消除烦恼最有效的方法就是结交朋友。当只有一个人时，你很容易给自己施加不必要的压力，陷入恶性循环中。例如，觉得自己辜负了他人的期望。这样持续下去，崩溃只是时间的问题。但如果你的身边有朋友，就可以帮你摆脱孤独。在你就要停止思考之前，快向朋友寻求帮助吧。

你可以在网上搜索一下自家附近是否有教师研修班，很多研修班都对外开放，可以试着去这样的地方倾诉烦恼。

你可以试着结交与自己处于相同立场、能够相互理解的朋友，避免独自烦恼。在日本，从事教师职业的人有很多，仅小学教师就有近 40 万人。一定还有人与你有着相似的烦恼。

我们可以借助网络，在注意保护隐私的情况下匿名发布自己的烦恼，可能会出现"同病相怜"的人为你提供一些建议。

让我们在身心俱疲之前，把自己的想法倾诉出来吧。

请相信在你的身边会有人因为看到你的求救信号而向你伸出援手。

要点

寻找朋友，倾诉烦恼。

抱有"限定时段"的意识

⋯ 倒计时思维

如果可能的话，每个人都只想和与自己志趣相投的人相处。但在学校，教师并不能这样做。即使不喜欢某些同事和家长，教师也要与他们打交道。即使不喜欢某个学生，教师也必须守护其成长。

即便如此，这个世界上并不存在需要我们以健康为代价去维护的关系或工作。当一段关系进展不顺利时，我们可以抱有"限定时段"的意识。无论处境有多么艰难，当我们能够看到终点线时，心态就会完全不同。

如果班级秩序混乱而你也已经感到无能为力，你可以选择顺其自然。管理班级就如同谈恋爱，不断摸索改进班级管理方法而毫无进展的你，就像是被恋人抛弃却依旧紧追不舍的人一样。我们可以选择不这样做。

我们对待课程还是要认真负责，但到了休息时间就可以直接回到办公室，与学生保持距离。尽到教师应尽的职责就好，不做过多的教导。

如果与同事相处不融洽，我们与同事可以仅仅保留工作关系，保持最低限度的联系，尽可能减少与对方的交集。

　　每一种关系都有终点，让我们试着坚持到最后。这时你需要抱有"限定时段"的意识，可以在心里倒数"再忍耐几个月就好了"，这样忍耐的限度就会提高。

要点

　　采用倒计时思维，坚持住。

"空椅子技术"

💬 在教室展开自我心理咨询

如果你也想接受心理咨询，却没有勇气去找心理医生，那么可以试试"空椅子技术"。它是通过坐在椅子上，推进内心不同观点间的对话来进行的。

使用这种方法时，我们可以让脑海中的自己或他人坐到椅子上，与之对话。通过对话来审视自己究竟为何而焦虑，究竟在思考些什么。具体操作方法如图：

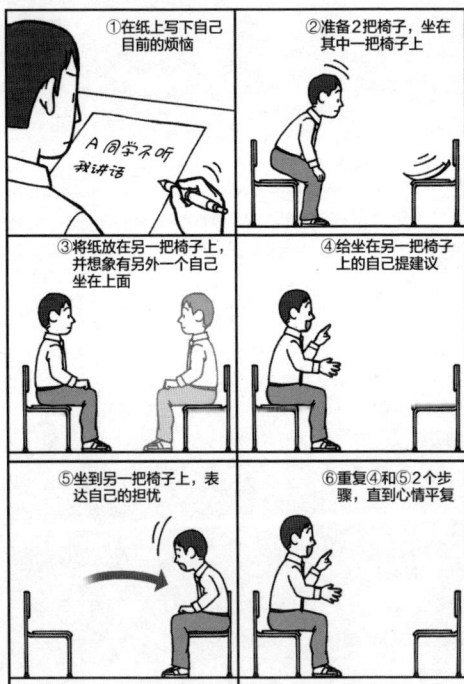

①在纸上写下自己目前的烦恼

A同学不听我讲话

②准备2把椅子，坐在其中一把椅子上

③将纸放在另一把椅子上，并想象有另外一个自己坐在上面

④给坐在另一把椅子上的自己提建议

⑤坐到另一把椅子上，表达自己的担忧

⑥重复④和⑤2个步骤，直到心情平复

你可以重复图中④和⑤ 2 个步骤，直到心情平复。假设你因为学生不听自己讲话而烦恼，这时你可以想象那个学生坐在空椅子上，然后对他倾诉：

"为什么你最近不愿意听我讲话呢？是对我有什么不满吗？"

说完，你再坐到对面的椅子上，扮演学生的角色回答：

"因为老师你根本就不听我讲话，却还要我听你讲话，岂不是很不公平？"

"是这样啊。原来我在不知不觉中想要控制你啊……但其实我只是想让你做得更好。"

在这个过程中，你可以用语言表达自己想传达给学生的内容，并认识到自己的问题。

通过这种方法，即使一个人也可以完成心理咨询。教室里就有很多椅子，所以这个方法很容易操作。

当你遇到人际关系问题时，可以很轻松地运用"空椅子技术"。这种方法并不是要帮助我们去了解那些与我们对立的人或者令我们感到难以应对的人的想法，而是帮助我们去发现并接受自己内心的情感。

能够充分感受到自己对某人、某事或某概念有负面情绪或消极的想法是很重要的。为了能够接纳某种情感，我们首先要意识到某种情感的存在。运用"空椅子技术"的最主要的目的就是让自己体验到这种情感。

要点

用"空椅子技术"接纳自己的情感。

将意识集中于"自己"和"现在"

⋯ 观察自己

　　每个人都会照镜子，镜子中的人看上去既熟悉又陌生，我们可以把它想象成另一个自己。当我们对着镜子中的自己说话时，大脑会意识到"镜子中的人是自己，可似乎又不是"。通过重复这一点，我们就能够客观地观察自己并获得真实的感觉了。我们可以对镜子中的自己说"你今天看上去心情不错！""你今天很努力！"之类的话，这样做有助于锻炼我们的元认知能力。但是在与镜子中的自己对话前，一定要确认周围没有别人。

要点

　　把镜子中的自己想象成另一个自己。

⋯ 全身心地投入某事

对抗负面情绪的有效方法之一是让自己全身心地投入某事。如果在学校，你可以做一些事务性工作。如果在家，你可以做饭或跑步。通过进行某些活动，把自己的意识集中到当下。当你身心投入地做某事时，就不容易胡思乱想了。

使你愤怒、悲伤、焦虑的事通常都来源于过去或未来，让意识穿梭于过去或未来会使我们心烦意乱。

被负面情绪所左右是你没有活在当下的证据。将自己的意识集中于现在的事情上可以控制负面情绪。我们要思考的并非过去或未来，而是现在。

要点

专注于自己现在应该做的事情。

休假

⟨⋯⟩ 申请休假，没关系！

"如果我休假了，会给其他人添麻烦……"你也许会这样想。实际上你不必有这样的顾虑，因为如果患上心理疾病，你反而会得不偿失。我们可以把休假这一选项纳入考虑范围内。

就 2020 年日本的规定来看，如果没有医院的诊断证明，教师可以休息一周的时间。如果有医院的诊断证明，教师最多可以休息 90 天。流程是你需要前往医院就诊，拿到医生开具的诊断证明，交给学校。要注意的是，医院通常设有心理科并配备临床心理医生，而如果我们要请假，则需要有精神科医生开具的证明。

在这 90 天之内，我们依旧可以拿到全额工资。但是，抑郁症等心理疾病的治疗时间可能会超过 90 天。90 天后，教师还可以申请因病停职。这时也需要向学校提交医生的诊断证明。关于工资，在一年以内学校会支付全额工资的 80%，超过一年将停止支付。教师资格最多可保留 3 年。此外，还可以向学校的教职工互助会申请伤病津贴，其金

在心理疾病加重之前放松身心

额相当于工资额度的 2/3。

由于有以上这些制度层面的保障，如果你真的已经无法再坚持下去了，可以提出休假申请。

教师所从事的是需要处理各种人际关系的难度巨大的工作。我们没有必要因为请假而感到羞愧。对于学校而言，教育委员会也会派遣新的教师到学校。你不用太担心，一切问题都会得到妥善的处理。

所以，你可以安心地静养，逐渐恢复自己内心的能量，一点点地扩大自己的活动范围，如果有足够的心力也可以试着做自我分析。真诚地直面自己的内心。

　　教师最多可以休息 3 年，时间很充裕，在这期间你可以尽可能地尝试做自己喜欢的事、想做的事。慢慢放松身心。要记住，我们的心灵与身体才是最重要的。

要点

在心理疾病加重之前提出休假。

调动工作

··· 无论在哪里都可以从事教育工作

在学校中出现人际关系问题的情况并不少见。

"与学生关系不好。与同事关系不好。与家长关系不好。已经不想再上班了。"你是否也曾有过这样的想法？

回过头来想一想，最初你是因为想在目前就职的这所学校工作才成为一名教师的吗？大多数情况应该不是这样。事实上，我们没有理由勉强自己一直留在某一所学校。此外，"调职的时候有点尴尬……"这样的想法就更不能称之为理由了。

如果我们被调动到一所新的学校，就会有新的人际关系等待着我们。我们可以"重置"自己的人际关系。可以说，这也是教师工作的一个优势。我们没有必要将自己圈定在目前工作的学校里。如果你在学校中遇到了人际关系问题，也可以将调动工作这一选项纳入考虑范围内。

要点

在新的环境中构建新的人际关系。

同一环境相处困难 调动工作转换心境

结　语

　　其实我原本并不擅长处理人际关系。当我还是一名新手教师时，曾因为人际关系问题而每天都深陷痛苦之中。就在考虑是否应该离职时，我参加了一个心理辅导团体，在那里接触到了交流分析理论。之后我开始学习心理学的相关知识。

　　教师的工作以沟通为中心。在占比最大的教学工作中，也需要教师与学生进行深入的沟通。对善于沟通的教师来说，工作会进行得比较顺利，然而对不善于沟通的教师来说，工作中可能会困难重重。

　　阿德勒说："一切烦恼都源于人际关系。"

　　每个人都会遇到关于人际关系的烦恼。教师的工作更是建立在各种各样的人际关系之上，所以我们在沟通中遇到困难、产生压力也是在所难免的。正因为如此，掌握沟通方法才显得尤为重要。

　　在阅读本书后，我希望读者不仅能够对沟通有更加深入的理解，也能够重新审视自己。在本书中，我尽可能多地讲解了各种沟通问题，包含了在课堂上、产生冲突时、遇到危机时等情况。

　　我衷心地希望你原本就拥有的魅力能够被更多人发觉。
从心底里祝福你工作更加顺利！

三好真史

参考文献

安部朋子.『ギスギスした人間関係をまーるくする心理学　エリックバーンの TA』. 西日本出版社. 2008

芦原　睦.『エゴグラムあなたの心には5人家族が住んでいる。』. 扶桑社. 1998

畔柳　修.『職場に生かす TA 実践ワーク』. 金子書房. 2012

イアン・スチュアート.『TA　TODAY 最新交流分析入門』. 実務教育出版. 1991

倉戸ヨシヤ.『ゲシュタルト療法　その理論と心理臨床例』. 駿河台出版社. 2011

百武正嗣.『エンプティチェア・テクニック入門　空椅子の技法』. 川島書店. 2004

杉田峰康・国谷誠朗.『脚本分析』. チーム医療. 1988

田村耕太郎.『頭に来てもアホとは戦うな！』. 朝日新聞出版. 2014

アルフレッド・アドラー.『子どもの教育』. アルテ. 2014

岸見一郎.『アドラー心理学入門』. ベストセラーズ. 1999

岩井俊憲.『マンガでやさしくわかるアドラー心理学』. 日本能率協会マネジメントセンター. 2014

岸見一郎・古賀史健.『幸せになる勇気』. ダイヤモンド社. 2016

星　渉.『「心が強い人」の人生は思い通り　神メンタル』KADOKAWA. 2018

星　渉.『「伝え方しだい」で人生は思い通り　神トーーク』KADOKAWA. 2019

安田正.『超一流の雑談力』. 文響社. 2015

安田正.『超一流の雑談力「超・実践編」』. 文響社. 2016

戸田久実.『コミュニケーション大百科』. かんき出版. 2019

野口　敏.『誰とでも 15 分以上会話がとぎれない！話し方66 のルール』すばる舎. 2009

井上智介.『職場の「しんどい」がスーッと消え去る大全』. 大和出版. 2019

谷　厚志.『超一流のクレーム対応』. 日本実業出版社. 2017

大谷由里子.『話し上手な人のアドリブの技術』. 中経出版. 2010

茂木健一郎.『最高の雑談力　結果を出している人の脳の使い方』. 徳間書店. 2018

斉藤　孝.『雑談力が上がる話し方』. ダイヤモンド社. 2010

バルバラ・ベルクハン.『ムカつく相手を一発で黙らせるオトナの対話術』. 阪急コミュニケーションズ. 2009

DaiGo.『超人脈術』. マキノ出版. 2019

三好真史.『教師の言葉かけ大全』. 東洋館出版社. 2020

堀　裕嗣.『生徒指導 10 の原理 100 の原則』. 学事出版. 2011

桐生　稔.『雑談の一流、二流、三流』. 明日香出版社. 2020

ヘンリック・フェキセウス.『影響力の心理』. 大和書房. 2016

樺沢紫苑.『精神科医が教えるストレスフリー超大全』. ダイヤモンド社. 2020

妹尾昌俊.『教師崩壊』. PHP 新書. 2020

植木清直.『交流分析エゴグラムの読み方と行動処方』. 鳥影社. 2005

深沢孝之.『アドラー心理学で人生が劇的に変わる!「ブレない自分」のつくり方』. PHP 研究所. 2014

城ケ崎滋雄『高学年児童と「ぶつからない」「戦わない」指導法!』. 学陽書房. 2017

中嶋郁雄.『高学年児童、うまい教師はこう叱る!』. 学陽書房. 2014

斉藤　孝.『質問力』. 筑摩書房. 2003

木山泰嗣.『弁護士だけが知っている反論する技術反論されない技術』. ディスカヴァー・トゥエンティワン. 2013

リップシャッツ信元夏代.『世界のエリートは「自分のことば」で人を動かす』. フォレスト出版. 2020

中谷彰宏.『なぜあの人は人前で話すのがうまいのか』. ダイヤモンド社. 2007

三好真史.『子どもが変わる3分間ストーリー』. フォーラム・A. 2017

田辺　晃.『嫌われずに人を動かす　すごい叱り方』. 光文社. 2019

片田珠美.『賢く「言い返す」技術』. 三笠書房. 2015

土作　彰.『絶対に学級崩壊させない！ここ一番の「決めゼリフ」』. 明治図書出版. 2013

菊池省三.『菊池省三の話し合い指導術』. 小学館. 2012

中村健一.『策略　ブラック学級づくり』. 明治図書出版. 2015

河野英太郎.『99％の人がしていないたった1％のリーダーのコツ』. ディスカヴァー・トゥエンティワン. 2013